四海行蹤 路迢迢

余光亞 著

父親余頌文、母親張金秀八十大壽留影

2010年與兒（女）孫三代合照

父母八十大壽祖孫三代合照

祖孫三代餐敘

兄弟三人與母親於醫院合照

寫在《四海行蹤路迢迢》之前

　　我寫這本書，有感於七十年生涯中，行腳四方，天涯海角，在動盪的環境中出生，在國難的日子裏成長，在沒有任何社會背景的助力下，自力圖強；到了台灣之後，總算有了安定的生活環境，但在工作的三、四十年中，經年是在微薄收入的狀況下度日，惟我兄弟三人，在父母的關注下，都盡心為孩子們的前途考量，勉力培養他們順利成長，個個完成高等教育，成家立業，都各有今日初步的成就，而今而後，要由他們各自努力奮發，循正途創造自己未來的前程；但是，此刻他們除了認清當前小有的成就得來不易之外，也該了解一些過去毫不知悉的余家史實，認祖溯源，人之根本是也！這是我寫本書的一項附帶的作用，希望對子姪們有所幫助。

　　本書是以我個人七十年來的生命，生活，事業發展為主題，用回憶記述的方式表達；由於我是長子，讀書識字，懂事較早，從幼兒有記憶開始至今，所見所聞，及父母平日的談話，記述，就我記憶所及，盡可能的記錄下來，其中從抗戰勝利（二次世界大戰對日戰爭）後，由湖南辰溪回到武漢，而後再經多次的「遷逃」轉移，最後轉到台灣至今，這一段的記事最為真實正確，也有最深的感受，即在兵荒馬亂中，逃難煎熬的日子，多麼艱辛痛苦，卻無可奈何，處在那種兵燹動盪的時代裡，感嘆中國人何其悲慘不幸！到我出社會做事以後，因職務需要或受各方邀請，行腳四海，遊走國內外，所到之處，隨筆記錄下所見所聞，給自己留下一些值得的回憶。

目次

第一章

軍旅生活，人生的起步

作者（後排左三）中學時代的活動生活照

唸軍校時留影

唸軍校時留影

1961年大學畢業照

壹、踏入軍校門檻

　　民國四十五年（1956）六月在驪歌聲中，高中畢業了，同學們仍然日夜手不釋卷的在作最後的衝刺，準備大專聯考，而在填寫報考志願時，各有打算，目標，當時只分甲、乙兩組，甲組為理、工、醫科，乙組為文、法、商、農等科，我選擇了甲組，同時聯考是文武大專院校一起聯合招生考試，以我的家庭環境，沒有能力，不允許我唸普通大學，而我又不願意唸師大（公費），將來做一輩子的窮教員（後來發覺自己的認知大錯），所以只有往唸軍校的一條路走，既要唸軍校，就應該做一個正規帶兵的軍人，所以選擇的第一志願是陸軍官校，很不幸的是，我的身體檢查不合格，體重太輕，未達四十五公斤的最低標準，之所以體重過輕，乃因我從小身體虛弱，經常生病，這可能與母親多病的遺傳有關，尤其是胃病，困擾經年，至今仍為宿疾難癒，不能考官校，退而求其次考軍文學校，當時父親建議我考國防醫學院，以我們家庭的身體狀況，學醫對家庭是有幫助的，但我對學醫不感興趣，尤其怕見到醫院裡病痛呻吟的環境，十分不舒服，所以國防醫學院不予考慮，剩下甲組能填志願的只有兵工工程學院（現改為中正理工學院）及聯勤測量學校（現已併入在中正理工學院內），由於家庭生活所處的環境，父親、伯父，以及早年在大陸時（民國三十九年以前（1950）），舅父、姨父，更早還有外祖父及外曾祖父等均在兵工廠服務，製造

槍砲彈藥，與機器為伍，我在初小（一、二年級）及高小（五、六年級）時，也在兵工廠（第十一兵工廠）的子弟小學唸書，以至經年累月，耳濡目染的受到兵工廠生產製造的影響，所以填寫的第一志願是兵工工程學院造兵系（入學後改為機械系，目前中正理工學院仍有機械系，另又恢復了造兵系），幸運的以第一志願考取，如此節省了家庭教育經費的負擔，自己也可唸到想要唸的科系，欣然的與住在同一眷村，同時考取兵工工程學院機械系的同班同學謝世忠兄，兩人帶著簡單的行李包及入學通知單，於民國四十五年九月（1956.9）中秋節當晚，乘坐晚班火車慢車北上，次日清晨到台北新生南路兵工工程學院報到，從此穿上了軍服，成為中華民國職業軍人。

　　至民國四十五年九月（1956.9）底，往兵工工程學院二十期新生報到的總人數九十多人，共四個系，造兵系、電機系、化工系及車輛系，每系錄取人數只有二十多人，到十月一日由二十期隊長帶領著這一群上等兵學生，到鳳山陸軍軍官學校學生第二總隊報到，接受為期半年的新生入伍基本訓練；兵工工程學院編隊為陸軍軍官學校，學生第二總隊、第五中隊，我被編列在五中隊的第二區隊，第二班的第八兵，第八兵即該班的倒數第二名，乃因個子小，但卻要負責扛最重的武器自動步槍；入伍訓練前三個月不放外出假，接受嚴格的基本課程訓練，從立、坐、行、跑、跳、睡、吃、拉、洗、說話……等無一不訓，無一不是按秒計時的要求，所以前三個月確實是改頭換面的改造了一個「活老百姓」，成為一個新生的革命軍人，三個月後才放週末外出假，回家省親及舒解緊張的心

情；受訓期間也頗多趣事，例如每一個人的飯量大增，飯量最大的同學，一餐可吃鋼碗十碗之多，我也可以吃三大碗，最值得一提的是，我們五中隊的特殊表現，在一位精幹、開明的隊長領導下，這批聰慧頑皮的學生，在受訓各項的比賽中說要拿第一就能拿第一，就連第一總隊的官校學生班也會被比下去，但活潑頑皮的表現，也讓鄰隊的長官批評為太保隊長及一群太保學生，由於隊值官理性，合理而嚴格的要求，至使半年的入伍訓練，嚴格卻愉快的過去，隊值官與同學間建立了深刻的師生情誼，到日後我擔任經濟部加工出口區管理處長時，原第三區隊雷心田區隊長已晉升為少將，擔任高雄要塞司令時，還彼此保持連絡交往。

半年的入伍訓練結束後，再回到台北兵工工程學院，開始接受為期四年的正期教育，每學期本系的必修課程與一般大學完全相同，教授也多請自台大、師大等各大學的知名教授來授課，例如：微積分是師大的管公度教授、機械設計是台大的彭九生教授、熱力學是台大的鍾皎光工學院院長（後接任教育部長）、流體力學是台大的丁觀海教授……等，均為各大學一時之選的名教授，除一般大學課程之外，還有兵工的專業課程也要學，例如彈道學、火藥學、兵器設計等，此外還要上一些軍事課程，如此每學期的學分數遠比一般大學要多得多，功課壓力相當吃重，若能認真學習，確能學到很多寶貴的學識，但這批學生的情緒並不穩定，能好好學的為數不多，這要從學生的背景來了解。

廿期九十多位入學的同學中，除了約有五，六位是本省籍同學外，其他的九十位同學均來自軍、公、工、教人員的子弟，他們大

多數不是考不取大學，而是家庭經濟環境逼得他們作這樣的升學選擇，所以大多數的同學，心情都不平靜，情緒浮動，加上對生活軍事管理的反感，以至同學時有情緒發洩的事故發生。例如二年級下學期，適逢期末考試，隊長卻要學生鏟草皮、整理環境，一位化工系的同學，忍無可忍，即動手打了隊長，當然同學是遭到開除的處罰，但全期學生的情緒一時沸騰欲爆。又例如劉自然事件發生後，台北市街頭示威，反美的人潮中，不少是年青的學生，本校雖為軍校，但年青人愛國的熱情也是一樣的，也有不少各年級的同學參加在遊行、示威的人群裡，其中有一位高我一年的學長，因參加示威被抓進警察局，警方問他身份，家長是誰，他指著牆上的照片說蔣宋美齡，警方初以為他開玩笑，後查證他是蒙古人、遺族子弟，所言不假，於是警方因他是軍校學生，而將他交給憲兵隊送回學校，此時學校政戰部認為事態嚴重而將之關禁閉，適逢冬天，又不讓同期同學送棉被到禁閉室，於是全校學生們開始情緒激忿而與隊長、政戰部對抗，以致到了午夜事態愈鬧愈大，約午夜零時，教育長鄒世強少將親自招集各期學生代表開會，我則是本期學生代表之一，教育長苦口婆心的好言規勸，要大家務必冷靜，心平氣和，如同學們這樣鬧下去不會有好結果，並保證一定會合理處理關禁閉的同學，及同意送棉被到禁閉室，希望同學們相信「老學長」一切都是為大家好著想，務請大家即早就寢休息，第二天還要上課，在教育長「老學長」的誠懇關愛，安撫勸慰之下，一場學生風波總算平息了，可是同學們因不滿現況的情緒，產生了很大的影響及變化。（據知那位蒙古籍學長退學後，如今亦為知名的博士級學者），而

就二十期同學而言，一年級下學期完了，便有約四分之一的同學以二分之一學分不及格退學，二年級就已退學達百分之六十之多，到三年級還繼續有人退學，以致同期入學能唸完四年畢業的同學，只有三十八人。退學的同學，絕大多數都考插班到成大、中原、淡江……等大學院校，我也是不安於現況，希望退學的一份子，但父親基於家境堅決不同意，所以從一年級到三年級，我每年的期中考都是紅字，到期末考再補起來，以至每年學年總成績都在及格邊緣，就這樣，我混過了痛苦學習的四年，但這四年中，仍有一件事讓我永遠銘記在心，受益一生，即一年下學期時，一天的晚自習時間，微積分助教對同學們講了一段肺腑之言的話，他發現同學們情緒很差，無心學習，便以懇切、關愛的語氣對大家說：「無論你們願不願意在這個學校唸下去，你們都應該好好的用功學習，因為文大學也一樣的要學這些課程，大家不應該浪費時間」，這段話我完全聽進去了，所以我確實認真的做功課、學習，只是在考試成績方面另作打算，而免強及格畢業。（這一段話也作為我畢業後用在工作上，不致虛度了寶貴的時光）除了這一點牢記在心的忠言外，在校四年是過著苦澀強忍的日子，竟連追女朋友的本錢及勇氣也沒有，虛度了寶貴的青春年華。

艱辛難熬的四年過去了，民國五十年二月（1961.2）終於畢業，沒有驪歌別情，而是以嚴肅的軍典儀式，授予陸軍兵工中尉軍階揮別學校，回家休息二週後，揹著簡單的行李，到分派的單位陸軍飛彈六〇五群、六六二營報到，從這一刻起，我已不再是學生，而是國軍正規的軍人，也是生涯的起跑時刻，在這一剎那間的心

境、思考，完全拋棄了在學校時不安於現況環境的情緒、理想，而自己告訴自己，從此時起，自己的前途，由自己去創造，一切的努力在為自己的未來打算，所以就在此刻下定了決心，要努力不懈開始人生起步的工作，除了部隊的工作外，閒下的時間再繼續的拿出書本來認真的溫習，希望有機會報考研究所，此刻我似乎換了一個人，成熟了許多，勇往直前的邁向未來！

鷹式飛彈發射離架時的雄姿

與好友熊曾潤兄於美國防空學校
受訓時留影

德州EL PASO防空學校飛彈裝備場

與好友熊曾潤兄於美國防
空學校受訓時留影

在EL PASO防空學校Fort Bliss營區
標示牌前留影

1961年在EL PASO防校受訓時，飛彈
622營軍官與羅傑教授夫婦合影留念

貳、技術軍官的培訓及任務

民國五十年三月（1961.3）初，星期日的下午，分派到飛彈六六二營的十多位同學陸陸續續的到台北縣泰山貴子坑的營部報到，同學們見面，一片歡欣喜悅的心情，彼此還是像在學校一樣的嬉笑打鬧。營長李賡泰上校，北方人，個子高大，很帥氣，看到這批大孩子們的天真活潑，發自內心的高興，並笑著指著我們說：「看你們這一群活老百姓，以後要好好的加強訓練」。這一群還沒有嘗過人生艱辛苦愁滋味的青年軍官，並沒有聽懂營長的意思；報到的人員到齊後，再由營部分派到各連，擔任各連的保養軍官職務，我被分派到第三連；次日，全營軍官集合，營長訓話，指示各連連長對新報到的保養官要加強軍事訓練，要像連上帶兵軍官，排長、副排長一樣輪流擔任值星官，帶部隊操作，以磨練培養成一個真正的軍官，這時同學們才晃然了解要加強訓練這批「活老百姓」的意義，從這一刻起，才體會要如何做一個真正的軍人。

在學校畢業前兩個月，營長帶領人事官到學校選人時，同學並不了解飛彈營的情況，報到後才知道六六二營是新成立的鷹式飛彈（Hawk Missile）營，目前僅在人員儲備訓練階段，成員中士官均從軍中考選，軍官、部隊長即營、連、排長均從軍中挑選最優秀者，尤其排長、副排均為陸軍官校新制第二十八期及二十九期畢業的基層軍官，十分優秀，我們彼此年齡相當，相處十分融洽和

樂，而保養軍官則是由兵工工程學院剛畢業的學生中選派而來，全營官兵素質均甚整齊，水準亦高，所以訓練階段相當順利；在赴美國接受專業訓練之前，營部安排的課程，軍官多偏重在英文語文的訓練，請外籍老師任教，士官則由保養軍官擔任基礎數、理、電的課程訓練，尤其偏重數學及電學的教學及簡單英語的課程，士官中亦不乏十分優秀的人才；一年多的在營培訓，到民國五十一年（1962），美軍顧問團正式到營部來舉辦徵選人才考試，以筆試為主，主要的是考選保養軍官，第一批考選代號為二二八的保養官，全營保養官參加考試，我考得不錯，滿分，但營長認為我身體太差，體重僅四十五公斤，不適合，未錄取，當連長將營長的意思告訴我時，我只一笑置之，時隔兩個月後，顧問團又來第二次的考選，代號為二二一保養官，我又考了滿分，營長終於決定錄取我到美國德州EL PASO防空學校接受為期一年的保養班課程訓練，時間在民國五十一年十月（1962.10）至五十二年十月（1963.10）。同去受訓的還有各連各組的士官，在營長及各連連長帶領下，接受訓練的成績很不錯，平均全營的成績達到九十三分之多，為當年美國防空學校盟國連中各國受訓成績的第一名，受到美國防空學校隆重的表揚，同時在結訓典禮前，我國陸軍總司令劉安琪上將親自到防空學校來訓勉嘉獎。

　　民國五十二年十一月（1963.11）初，回國後不久即接受由美國運交的飛彈全系統裝備，安裝、測試並進入擔任台灣空防戰備任務，保養軍官的任務在確保裝備能正常運作，能百分之百的擔任作戰任務。除平日正常擔任作戰任務外，每年也有一次年度裝備檢查

及實彈射擊，以證實裝備系統的正常功能及人員訓練的精良，確實保證有擔任作戰任務的能力，這是每年一度的大事；擔任作戰任務後的第二年下半年，實施第一次的實彈演習，大家既興奮又緊張，雖然在美國受訓期間已有過一次實彈射擊的經驗，但在國內還是第一次，全國的人民都在看這次演習。全系統的裝備保養、操作及指揮系統，均由我飛彈官兵自己擔任，美軍僅派來一組檢查監督小組，評定人員訓練及裝備保養，操作功能是否合於飛彈射擊的標準及要求，檢查合格後，即實施實彈射擊，射擊目標是由我空軍在空中所放出的靶機，我們第三連順利通過全系統裝備檢查合格，演習開始，作戰中心BCC操作鎖定目標後，在有效距離內，經作戰官倒數計時五、四、三、二、一發射，飛彈應聲而出，飛向目標，數秒鐘後，只見遠方空中直接命中目標的火煙，BCC傳出直接命中的歡呼，第三連，兩枚飛彈都直接命中目標，成績優異，全連歡欣雀躍，其他各連也都有好成績的表現，全營總成績是百分之百命中目標，難能可貴。

　　次年的實彈演習，我被調任為演習見習檢查官之一，隨同美軍檢查官擔任各連射擊前的裝備檢查、評分，記得檢查第四連時，在晚上，天又下雨，大家穿著雨衣在帳棚內挑燈檢查，在檢查過程中，有些數據指示在合格外的邊緣，嚴格說是不合要求，也許美軍檢查官有他們的經驗，不在意的、不明確的說：「No」或「Yes」，而聳聳肩表示：「OK」或「up to you」，就算過了，連續好幾個數據都如此表示過關，當時，我年青氣盛，不以為然，便對美軍檢查官說：「你不應該如此通過檢查，要用Yes或No，不然

你似是有卸責之嫌」，最後一句話，我講得太重了一點，我是中尉，美軍檢查官也是我在第六連時同組的顧問Steward士官，對我的說詞，他當時未便反應，當晚第八連的裝備檢查未通過，第二天早上，在射擊場，美軍檢查組長，由美國派來的一位資深士官長，問我為何昨天晚上說Steward士官有「卸責之嫌」，我知道自己說的是太重了些，我只答是事實，你去問Steward士官吧！他見我不願多談，也就不多說走開了，第二天第四連裝備重檢通過，射擊也兩枚命中，成績很好，皆大歡喜。

1963～1967年飛彈662營3連221飛彈雷達
保養組合影（含美軍顧問Steward士官）

參、大難不死，才有後續發展

　　高科技裝備，常會有故障難以克服的時候，曾有一次搜索雷達故障，按規定，故障排除是二十四小時不能停，直到修復為止，保養士官同組有三人，可以輪流工作、休息，而保養軍官只有我一個人，所以一連工作了二天二夜，才將故障排除，當時年青熬得住，待故障排除後是第三天的中午，連長李廣德少校為慰勞其辛苦，而派車帶我及其他人員下山洗溫泉，減輕疲勞。當日陰雨綿綿，山路崎嶇又滑，駕駛不小心，車向右翻倒，轉了三百六十度後停止，左邊輪胎停在路邊坡道上，右邊輪胎則在坡坎下平地上，成四十五度角停下來，我則被拋出車外，躺在車底盤下即在四十五度角的三角空間處，好危險，命大未被壓著，當我聽到連長大聲叫我時，才醒過來，睜開眼睛所看到的是汽車底盤下傳動接頭，好大好亮，我一下子便爬出來了，只見同學張啟陽兄仍在車內搖晃，我兩手一把將他拖下車，再看其他人員，只見一位補給士王文樺躺在地上，汽車右前輪壓在他的左胸上呻吟不止，我們大叫四週修路的工人來協助將汽車抬起來，但汽車一動也不動，眼看一秒一秒鐘過去，王補給士臉色由白轉紅、變紫，最後痛苦的看他走了，多麼令人心痛、無助及遺憾！這次車禍給我最大的認知，即在翻車的剎那間，腦子裡是一無所有，連空洞的感覺也沒有，我曾努力回想那瞬間的記憶，至今仍無一點記憶的影子，也就是說：「人死了就應該是空無

所感，沒有光明或黑暗」，這次瞬間死亡的經驗確讓我領悟到人生「活的真實感」與「死的無所感」的事實。

車禍發生後，我並沒有告訴父母，同學謝世忠兄也是鄰居，休假回家時好心的對我父母報平安，說我沒有事，不說還好，說沒有事，也就是有事，所以父母以限時信問我發生何事？要我趕快回家一趟；請假回到家，父母看到我人好好的才放心，並一再叮嚀要小心。

車禍後不久，職務調動到群部參三保養組，擔任作戰檢查小組的工作，約三年的時間，此時，我有比較多一點的時間看書，所以我無論白天或晚上有空就將書本拿出來複習，希望有一天能有機會報考研究所。一天我在值日官室擔任值日的任務，沒有太多的事，我又拿出熱力學在複習，突然群指揮官張德溥少將進到值日官室，很嚴肅的看著我，對我說：「余光亞，他們對我報告，你天天都在看書，這樣會影響到你的工作，……」，軍人對長官的訓示，只有答「是」，不得講理由，然而我心裡很不服氣，我大難不死，還力圖上進，看書，總比其他人擺龍門陣好吧！更讓我失望的是每年國防部發公文到群部報考研究所的機會，群部總是在報名截止時才將公文公佈，軍中的這種作為，我非常不能諒解，深深體會到即便是科技部隊也與一般部隊在觀念上無二樣，秀才遇到兵，嘆息而已！

在群部第三年的秋冬之季，指揮官招見要調我到第二連，接二二一的保養官工作，並特別指示：「你上山去後，二二一的ROR雷達至今不能擔任戰備，你何時能將ROR修復擔任戰備，我答應你就可以調回聯勤兵工廠」。軍人對調職工作是沒有自己可選擇的

餘地，而指揮官給我將可調回我本行兵工廠的工作機會，對我是莫大的鼓舞，在接受命令的的第二週，便到第七基地報到，第二連連長是夏遠重少校，湖南人，很理性、隨和，我也很能主動的把工作放在第一，有空的時候，仍然還是看看書，但時間不如在群部那麼多；我既已答應指揮官儘早將ROR電達修復作戰，所以上山後，即刻召集二二一的保養士，研究不能擔任戰備的原因，經過一週日夜不停的檢修，終於排除故障，可以擔任戰備了，夏連長對我特別器重稱讚，這項任務達成自然也報告到群部指揮官知悉，但遲遲未見指揮官對我的承諾兌現，我也未便直接找指揮官要求調回兵工廠。將近快半年了，約在一個春夏之交的早上，指揮官到第七基地來視察，召見我對我說：「我現在放你走，但我不會幫你調聯勤，我知道你的同學有辦法幫你的忙，你自己想辦法吧！」我只答道「是」，無二話可說，可是我並沒有將指揮官所說的這段話，告訴有可能幫我忙，最要好的同學熊曾潤兄，（也是群參三保養組的成員之一），也未向熊兄提出要求幫忙，以免造成他的困擾，只是悶在心裡不樂。一個星期日的早上，在群部寢室門口，碰到群參謀主任（即秘書長）何佛如上校，他問我為何休假不出去玩而留在營房裡？我簡單的答道：「不想出去」，主任又問：「你有什麼事情不愉快麼？」我這才將指揮官同意我調職的經過，及最後要我自己想辦法，而我實無辦法可想，苦惱至極，向主任坦誠的報告。主任笑著對我說，為什麼不早告訴我呢？原來主任是陸軍總部人事評審委員之一，這件困擾我數月的調職案，就靠了何主任的協助而調動成功了。對何主任，我由衷的感激，而且永遠銘記感恩在心。何主任

與我是小同鄉，初到群參三，要辦公文稿，記得我辦的第一件公文稿，呈到何主任辦公室，主任親自打電話要我到他辦公室，指著我辦的公文稿，教導我如何寫公文，由起承、轉合、落款，到遣詞、用字等，從該公文稿的第一個字、第一句用詞開始修改，直到落款寫我自己的名字及年月日完稿，非常細心的教導，最後還要我將改好的公文稿唸一遍給他聽，及要我拿回去重抄一遍再呈上去。當我重抄一遍時，發現從第一個字開始修改到最後整篇公文稿完成，除了我的名字及年月日之外，其他的全部修改過了，我將這篇修改的公文稿，視為珍品保留，可惜經過多次的調職換工作而弄丟了，從何主任「抱著手教」的機緣，對我日後辦公文思維的成熟有極大的幫助，這不是在學校裡所能學得到的，也不是每個人都有的機緣。

肆、兵工世家，跟隨國難的日子

　　民國五十六年七月終於得到陸軍總部的同意調往聯勤總部服務，我對聯勤總部表達個人意願，希望調聯勤兵工研究院，做研究的工作，同時我也打算就近準備考研究所，可是等正式調職令拿到時，卻不是調兵工研究院，而是調聯勤第六十兵工廠，經我到聯勤總部人事部門查詢，才知道是父親委託聯勤總部調我到六十兵工廠，可以回家了，天下父母心，我深深體會父母對我的關心，也就坦然接受。回到高雄，住在家裡，早晚上下班，過著正常的生活，從此開始走進我軍旅生涯的第二階段，也是影響我日後事業發展走向重要改變的決定。

　　我之所以坦然接受到六十兵工廠工作，一方面是父母的心願，另方面有一層很深因緣的關係，即本文一開始便提到的「兵工世家」，外曾祖父及外祖父從民國初年至民國二十四年（1935）均服務於湖北漢陽兵工廠，二次世界大戰，對日抗戰開始，我的舅舅、大伯父、二姨父及父親均在湖南辰溪服務於第十一兵工廠，大伯及父親一直到台灣都服務於兵工廠屆齡退休，所以我從孩童到高中畢業，日日都生活在兵工廠的環境，自然對兵工廠有比較深入的認識及認同，而決定接受父親的安排到第六十兵工廠工作。

　　民國三十四年（1945）日本無條件投降後，第十一兵工廠由湖南省辰溪縣遷回到當時的湖北省會武昌市，父親將家眷暫時安排

在漢口住了半年，而後為了工作方便，於民國三十四年（1945）底又將母親及孩子們一起送回老家湖北省浠水縣，在回老家的路上，交通很不方便，必須由武漢坐民船沿長江而下，經黃岡到巴河上岸，改由陸路步行回到浠水縣。送我們回去之前，父親事先通知了家鄉的親人，由姑爺爺派了一部獨輪車到巴河碼頭來接我們，我與大堂哥光正是第一批回家的先頭部隊，帶了些較重的行李，車夫將行李綑綁在車輪上的框架上，車輪兩邊坐人，我坐左邊，大堂哥坐右邊，車夫肩帶的兩頭綑住車的兩支把桿，兩手再緊握把桿，向前推進，獨輪車走在只能一人行走的田梗泥路上，很吃力，大堂哥好心，想起來幫車夫的忙，卻未想到他一站起來，獨輪車失去平衡，向左邊傾到，我坐在左邊，左邊是河堤近乎是垂直的懸壁，約有幾十公尺深，下面為河床砂灘，我便在毫無警覺的狀況下，掉落在左邊的河床沙灘上，幸未受傷，獨輪車好在由大堂哥及車夫合力拉住，未掉下去，否則我的小命早就沒有了。另一段有趣的小插曲，當我們走近浠水縣城門下時，天色已晚，城門上的衛兵持槍喊口令，我們當然答不出來，由車夫回答，說我們是縣城正和祥瓷器舖余家從後方返鄉回來的，衛兵開城門查問，見大堂哥也穿著軍服，好生奇怪的問是那個部隊，大堂哥告知我們是兵工廠的，從後方返鄉回來，衛兵又問為何要穿軍服？大堂哥答是為了路上安全，怕萬一有土匪（即共產黨），可以唬一唬，衛兵笑笑就放行了。

回到老家，在縣城住了約一年，老家的「鄭和祥」瓷器舖早就沒有了，但卻是我在家鄉過了一生唯一的一個很愉快、很有意義的新年，這一年沒有上學，玩了一年，因而有機會見到我嬰兒時的奶

媽，鄉下婦人，不知姓也不知名，而由母親的口述得知我出生後，母親身體欠佳，因而為我請了這位奶媽餵奶，但未及半年，家鄉鬧土匪（即共產黨，俗稱土共），父親應外祖父的建議，以一個剛由高職畢業的年青人，沒有任何社會經驗的狀況下，帶著母親及我，另有大伯母（大伯父原配）（筆者不確定）一起乘民船離開家鄉，前往湖南辰溪，以逃避匪亂，抵達辰溪後，由外祖父推荐父親到第十一兵工廠工作，此時除外祖父在該廠任職外，另有舅舅張昌志，二姨父陳石堂，及大伯父余頌堯等均先父親到達辰溪，任職於第十一兵工廠，至此一家生活才安定下來。但在民船馳往湖南途中，我尚在襁褓之年，經不起長時間長江風寒之苦而至病倒，一路無醫藥治療，船行至湖南常德上岸，即時找醫生診治，斯時已是奄奄一息的病危狀態，所幸醫生救回了我的一條小命，但從此體質虛弱多病，以至於成年；到達湖南辰溪後，外祖父母見我如此嬰兒羸弱之年即遠離家鄉，飄泊異鄉千萬里，以四海為家，乃嘻喚我「四海」，此後「四海」便成為我的小名，或是奶名。本文取題名為「四海行蹤路迢迢」，其「四海」之意在此，藉以懷念父母及外祖父母的親恩！

八年長期對日抗戰的歲月，都在辰溪度過，我也在辰溪第十一兵工廠的子弟小學啟蒙唸書，至今仍有一絲記憶的是一個小學二、三年級的小孩，每天傍晚要獨自一人背著書包，拿著一根竹竿翻越過了無人煙的山嶺放學回家，真是不可思議，但也有一點值得回憶的喜悅，即那小小年齡就有了一個小女朋友，每天回家必先同小女朋友回她家後再自己回家，多可愛的童年。

一年後，父親在武昌的工作安定了，便將我們母子女等從家鄉再接到武昌安頓下來，我和大弟光華進了湖北最有名的省立武昌實驗小學，我唸三、四年級，光華一、二年級，在武昌住了約三年，大伯父、二伯父兩家也都住在武昌，三家常往來，大伯父與父親二人均在第十一兵工廠工作，而二伯父與大伯父曾留學日本，當時二伯父任湖北省政府財政廳主任秘書，其大女兒光永也是我的大堂姐，對我特別疼愛，她正唸初中，每年寒暑假都會接我去她們家住一段時間，起居都跟她一起，記得最清楚的是每天早上聽她唸英文，好稀奇、羨慕，及她帶我與她的同學一起去看電影「天字第一號」，是我第一次看電影，新奇高興得不得了。及至數年前有機會回武漢專程去看她，她把我摟住，對我說：「別人想不到家裡人，我不在意，你若忘了我，就不應該了」由此可見大姐對我的疼愛！

民國三十七年（1948）中共內亂加劇，國共內戰兵燹不已，家父及大伯父帶著兩家大小再隨第十一兵工廠遷往湖南株州，繼而於三十七年（1948）下半年轉往廣州黃浦，三十七年（1948）底再搬遷到海南島；由株州遷往黃浦時，家父是負責全廠搬遷業務負責人之一，但因國軍在長沙失守，中共軍佔領株州，家父未來得及離開而陷於中共軍佔領區，母親帶著我們五個孩子在黃浦苦等，急如星火，卻無可奈何。終於一日傳來好消息，國軍在廣東及湖南交界的（韶關）打了一場小勝戰，便有一列火車從株州緊急開出來到廣州，但並不知道父親是否會在這列火車上，母親焦急的等到第二天的黃昏，晚餐時刻，只見父親僅穿著背心、短內褲及拖鞋，狼狽不堪的樣子走回家，此時全家才有了歡笑。父親告訴我們說，火車上

擠滿了人，無法容身，動彈不得，因為人太多，連車箱頂上也擠滿了人，可憐在過山洞時，因車廂頂與山洞頂間的距離太小，火車通過時，車箱頂上的人幾乎全被輾死，慘不忍睹，總算上蒼保佑，父親平安歸來，一家團圓。由於父親脫困歸來，穩固了家庭的支柱，否則真不敢想像一家人往後的日子要如何過？我兄弟又那有機會順利完成學業及後續事業的發展，可想見到的是我兄弟三人可能全都要到六十兵工廠去當學徒，賺取微薄薪資維持家庭生計了！至於我等的子姪輩，是否有機會受到完全的高等教育，則更難以預料了；父親在突兀急劇的變化中，化險為夷，真乃家庭的極大幸運及福氣。

第十一兵工廠遷到海南島渝林港，廠址選擇在五指山腳下，背山面海，風光綺麗。五指山是中共游擊隊盤據的地方，對山下時有騷擾，頗不平靜；住在渝林港常聽到父親與同事們聊天，有一天談到住在株州時的鄰居，姓張，一對英俊漂亮的年青夫婦，有一個約五歲大好美麗可愛的小女兒，張先生也在第十一兵工廠工作，基層職員，第十一兵工廠遷廠到黃浦、海南島，張先生並未隨行，而留在株州，從株州傳來消息，他被共產黨槍斃了，原來他是中共地下工作人員，因策反第十一兵工廠留下不成，未達成任務而遭中共最嚴厲的處分，此消息是真是假，沒有人證實，只是茶餘飯後的話題吧了！

另一有趣的事，聽說第十一兵工廠上校副廠長，家住在山亞村，在渝林的對岸，一天早上坐渡輪到渝林上班，穿著便服，在碼頭上竟然被駐軍第三十九軍（筆者不確定）拉兵拉走了，船上還有

其他同事見狀立即趕到工廠向宋建寅廠長報告，由宋廠長穿著少將軍裝，帶著公文向三十九軍要人，人是要回來了，這件事發生後，對全廠的士氣有很大不安的影響。還有一件是我自己親身經歷的，住在渝林時，我已十歲了，鄰居有一位年青的長輩，我們小孩都叫他小舅，一天下午約三點鐘，也不知何故，他帶著我去小街（趕集的地方）上蹓躂，猛不防一位壯漢從後面抓住我們的手臂，命令式的要我們跟他走，走到前面不遠的一間茅屋裡，只見裡面坐著一位軍官，很客氣的要我們坐下，盤問了一番，知道我們是軍人子弟，很和氣的告戒我們，趕快回家，不要隨便在外遊蕩，我們倆嚇得趕快跑回家，也不敢對父母講起這件事，免得被罵。類似這樣的事，在那時的社會是時有所聞，時局不安，人心惶惶，生活不寧，海南島當時沒有學校，只有在家由父親晚上教算術，讀國文及練習寫毛筆字，因為父親的教導，對日後到台灣升學有很大的幫助；那位年青的小舅，到台灣後，很有作為，曾擔任台北台灣師範大學的國文教授。

民國三十八年（1949）下半年，先總統蔣公（蔣中正，字介石）派了台灣省主席陳誠先生到海南島巡視，發現第十一兵工廠有一批優秀的技術人才及完整的武器生產設備，回台後向先總統報告，先總統命令第十一兵工廠即早遷回台灣，因此全廠員工及設備才有機會分批乘輪船遷台，我們一家到台灣的時間是在民國三十九年三月（1950.3），高雄港上岸。至此，第十一兵工廠便併入到高雄第六十兵工廠，生活得以安定，並由第六十兵工廠安排子弟就學，我與同學陳宗仁兄考取插班到高雄市前鎮國民小學六年下學期，因當時普遍環境較差，所以上學多穿背心，麵粉袋做的內褲及

木屐，走路上學，上學僅一個月，於民國三十九年六月（1950.6）便畢業了，很幸運的考上了高雄市立第二初級中學（簡稱市二中，現為前金國中，當屆能考上初中的同學並不多），也一樣的每天由前鎮的家走路到中正路，高雄市警察局後面的市二中上學，有時會坐一段路的牛車，很值得回味，如此在台灣安定的環境下完成了全部的學業。

陪同廠長余定華將軍(中)巡視廠房

完成結婚大事

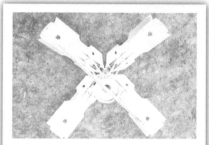

任職第六十兵工廠時負責研製成功之
「蛇眼彈尾」

任職第六十兵工廠時留影,右為學
弟楊金松工程師

中正二期工管班結業留念

伍、進入兵工廠，影響往後的前程

　　民國五十六年七月一日（1967.7.1）到聯勤第六十兵工廠報到後，工作分配到企劃室，擔任輕兵器的設計工作，當時六十兵工廠正接受國軍建新第十二案的任務，即編號為五七式步槍及五七式機槍的自製案，也就是美國當時部隊的制式M14步槍及M60機槍，以美援方式在中華民國生產自用，美國提供了全槍設計好的零件圖、裝配圖，但各零件製造的程序圖、零件製造用的工具、刀具、模具、夾具、樣板及特殊的量具等設計圖並未提供，又我兵工廠的設備不盡與美國的兵工廠如紅石兵工廠相同，所以製造程序必須按我兵工廠的機器設備來設計，同理各工具、刀具、模具、夾具、樣板等也必須按我們的設備及技術能力來設計，這些設計工作無法假美國人之手，必須由我們自己擔任。好在第六十兵工廠資深的領導主管，早已具有槍枝設計的經驗，並為槍枝製造的能手，尤其當時還有一批經驗豐富的老領工、領班及資深技工，所以設計工作便由資深主管帶著我們這批低階技術軍官來做，當時企劃室主任是郭萬榮上校，副主任陳仲堪上校，全廠總工程師李耀普上校，另在企劃室下分成兩組，即五七式步槍設計組，及五七式機槍設計組，各組由資深及具有設計經驗的先期學長擔任，在這些資深長官的指導下，我們將學校所學的機械設計、兵器設計，得有機會學以至用，尤難能可貴的是資深的長官們，把他們寶貴的經驗如數的全部傳授給我

們這批幸運的後進，這時我已體會到機械的奧妙，興趣濃厚，專心學習，也開始有了追求女朋友的意願，此話乃因來到第六十兵工廠之前，見到部隊同事結婚後的婚姻生活，叫我不敢領教，而逃避交女朋友。

在我們做設計的那兩年中，先總統蔣公曾兩次到六十兵廠巡視，其中第二次還有夫人同行，看我們如何努力的工作，對全廠官、兵、員、工都有莫大的鼓舞。當設計工作快要告一段落時，成立步槍室及機槍室，同時企劃室的部份設計工程師也要放出去到步槍室及機槍室擔任生產製造的工作，我十分願意到現場擔任實際工作，因為設計與製造的結合，才能做出真正的完成品，否則只是紙上談兵。我深深了解實戰經驗的重要，所以當主管詢問我是否願意下工廠時，我即表同意，企劃室郭主任便分派我到機槍室機箱所擔任製造工程師，同時也派先期學長王文秀為機箱所所長，而機槍室的室主任是章敬賢上校，是一位非常有機械工廠經驗的長輩。初到機箱所報到，全所只有一位金老頭（忘了他的名字）和我兩個人，王所長遲遲未到任，所裡的員工也是零零落落的從其他所抽調過來，為各路英雄好漢，管理上頗費一番功夫，所以初到所裡，便是由金老頭與我在接收的舊廠房裡從掃地開始，直到各方抽調過來的員工報到，新進機器設備到廠，安排生產線，機器安裝，試車，到試產，甚而到正式生產了半年之後，王所長才到所裡報到，在這半年多的日子裡，我工作得很認真、愉快，也在現場學到了生產技術及工廠管理，甚而為了趕進度，設計部門的設計圖來不及設計，例如機槍照門，我便在所裡自己設計，而後送設計部門認可簽字，

便即時上線生產，所以當第一批機槍生產裝配完成後，章主任拿著機槍高興的笑著說：「這支槍終於有一個零件是我們自己設計製造的」，我則更是高興不已，因為這唯一的一個零件就是我所設計的照門；但是這段將近一年工廠的工作，近似工作狂的程度，以至未注意到自己的身體，終於在民國五十七年（1968）底的一天，正好在擔任值日官時倒下去了，送到陸軍第二總醫院急救，原來我是胃大出血，全身將近一半的血流掉了，醫院趕緊為我輸血，很有趣的是，急診室亂敲鐘，各科的主治大夫都到了急診室，其中有一位婦產科的主治醫師陳勤樹兄，中學同學，我問他，你來幹什麼？他說：「誰知道是你老兄，急診室亂敲鐘，所以各科都來了」，急診室護士小姐為我打針輸血，但是血管偏了，打了好多次都打不進去，最後還是由婦產科陳大夫打進去的，醫院當晚一連發了三張病危通知單到六十兵工廠，廠裡各級長官及我父母均急得不得了，也無能為力，一切交給醫生處理，總算命大，渡過三天危險期，隨後住院一個月出院，回家再休息半個月後上班；在住院期間，我大弟媳的妹妹住在台北，寫信給我說：「大哥，你生什麼病？相思病吧！出院來台北，我幫你介紹一位女朋友，保險你的病就好了！」我出院回家後，利用在家休養的半個月時間去台北，介紹了我的太太認識，一年後，五十八年十月二十六日（1969.10.26）結婚，完成婚姻大事。

回到工廠上班，當時沖壓所所長郭正祥學長在受訓，廠方便派我到沖壓所暫代所長。沖壓所又是另一類機械加工的技術，我很有興趣，在代所長期間，與所內同仁相處融洽，待郭所長受訓回來後

就不放我回機箱所了，以後我就一直在沖壓所工作，郭所長在工廠管理上採取責任授權的方式，他明確的指示，所內大小事情，我都可以作決定，但重要事項作決定後，要向他報告說明，以免出錯，便於補救，一般的事盡管自己決定執行即可。由於郭所長的授權，我在沖壓所做得很順心，我盡全力在工作上有所表現，除了正常的生產工作外，另外我也做了很多的研究專題，包括海、陸、空三軍的各項研發項目，最值得一提的，是民國六十二年（1973）初研發空軍飛機投彈時在彈尾部裝置的「蛇眼彈尾」，用以幫助炸射命中率，當時美國空軍在越戰場大量使用，我空軍也希望有此彈尾，然而美國認為我無此需要而不予提供，但留有一枚供我空軍訓練之用，我空軍有關部門提供了該彈尾的補給手冊中的圖片及片斷資料，並由我帶領幾位技術工程人員實際觀察成品有關圖形及測繪尺寸參考，並請教好友鮑樹恒兄（航空博士）有關空氣動力學相關問題及設計要點，甚而還請陳副廠長爾活代為翻譯日文資料，終於在六十二年八月（1973.8）完成樣品試製，並請美國在台灣負責補給的士官長鑑定，他看完後表示為美國製的蛇眼彈尾，而當我們告訴他是我們自製的樣品時，他睜大了眼睛，不敢相信的說：「我真的不相信會是你們自己製造的，與美國生產的完全一樣」，我們確實高興研發成功，但不多久，我空軍負責本案的一位上校告訴我，美國某空軍中校顧問，因本案被調回美國並以不榮譽退伍，此案所造成的不幸，我們無法對美空軍中校顧問作適當的補償，實在抱歉及遺憾，但為了國家的需要，也只能深表歉意。

談到在兵工廠做研究發展的工作，就當時而言，可說是各兵工廠做研發工作最熾熱的一段時間，此乃因為時任聯勤副總司令的雷穎將軍（少平公）對兵工研發工作的重視，從雷將軍尚在任聯勤生產署長時就推動兵工廠的研發工作，並且每年定期舉辦技術發表會，我可說每年都有研究專題提出發表，所以後來我被其他兵工廠的同學們戲稱為專業發表人；記得在六十二年十二月（1973.12）有一篇研究報告，題目是「全自動繞簧機之研製」，繞製方型簧，很受到上級重視，並在三軍獎懲公報上敘獎，當然也會在聯勤發表會上發表，雷副總司令並將之推荐到機械工程師學會發表，在前往發表之前，雷副總司令為慎重起見，親自到廠，再向他發表，試聽一次，文中提到彈簧之成形乃因加工過程中克服金屬的「塑性變形」所致，雷副總司令可能以前未聽過「塑性變形」的名詞，一再問「塑性變形」對嗎？應該是「彈性變形」吧！我沒聽過塑性變形這個名詞，為了把握起見，還是用「彈性變形」吧！故文內便將「塑性變形」改為「彈性變形」，在機械工程師學會發表後的一個月，成功大學機械系兩位教授專程約到兵工廠來看我研製完成的繞簧機，並討論內容，參考的Data等，其中提到「彈性變形」應該是「塑性變形」吧！「是」，我答到，這是當時的筆誤，他二位就未再深入談這個名詞了。因為雷副總司令對研發工作的重視，而兵工廠也是做研發工作的最佳環境，所以每年技術發表會才會有那麼多有價值的研發成果發表出來。

　　就因我到第六十兵工廠後，有良好的工作環境，學會了機械設計及生產製造技術，更有機會做研究發展的工作，所以我不顧一

切的投入在工作，研究當中，原希望考研究所的意願便減少了，尤其在婚後更不想了，在六十兵工廠的這些年，我未浪費任何一點時間，曾經有學弟對我說：「你何必那麼辛苦努力的幹，別人不做事，專兼課賺外快的人，還不是一樣升官、領薪水」，我的答復是：「我領公家的薪水，用公家的時間，公家的設備，公家的材料，公家的技術人才，做公家的案子，固然完成公家的任務，但最重要的是我得到了經驗，學會了本領，這些經驗本領都在我腦海裡，當我退伍移交時，卻交不出去，而且這也將是我日後謀生的本領，所以現在不宜浪費自己寶貴的時間」，這段由微積分助教的提示所引伸的話，在日後一些退伍的小老弟身上，得到了驗證，而我自己也因在六十兵工廠努力工作的表現，在退伍前三個月便有不相識的民間（聯華氣體公司）打電話來找我，希望我到他公司工作，甚而多個工作機會任由我選擇。

在沖壓所工作約三年時間，承長官厚愛提拔、調升所長，調回企劃室，負責領導槍支設計的工作，當時越戰正方興未艾，美軍在越戰用的個人制式武器如M16步槍，而我國軍所用的制式武器為57式步槍，即美國的M14步槍，國軍為發展新武器，曾比較世界各國制式步槍，最後仍決定自行研發參照M16自製新槍，當時企劃室主任是學長楊春紅上校，我是少校所長，實際負責領導設計，我所領導的幹部有兩位資深工程師，譚宗明少校及聶轟少校，另有十多位年青工程師，以及十多位製圖員，此工作之受以重任，正如同民國五十六年（1967）時我進入第六十兵工廠分派到企劃室，擔任基層設計工程師的工作性質類同，只是此刻我已晉升到主持領導設計的

層級了，真乃長江後浪推前浪，一代接一代，這也是六十兵工廠對人才培訓的成效。本案之設計，我們僅憑著一支由越戰場帶回來的M16步槍參考，便在各位工程師共同努力下，順利的設計完成我們自己的M16步槍，此步槍不同於美國M16者，我們參考了世界各國最好的步槍，如以色列在六日戰爭中使用的步槍，還有AK47等，特別是M16在越戰中使用的缺點，我們均予以排出，設計出最理想的一支國造M16步槍，此槍試造五十支，完成時我親自對樣槍作第一次試射，非常滿意，有趣的是，約半年後，聯勤總部轉美軍太平洋總部抗議函到六十兵工廠，抗議我國仿造美軍M16步槍，專利侵權，廠方將這封信交給我答復，我根據抗議內容，答復了十八點，說明我國M16設計不同於美軍M16之所在，此函回復後，就不再見美軍的反應了；因我在六十兵工廠的各項研發成功案不少，也曾多次受到國軍獎懲公報中予以述獎表揚，是為軍人績優榮譽的表彰。

國研M16步槍完成，是我在六十兵工廠最後的一項成就；也就是在此時——民國六十三年七月一日（1974.7.1）我晉升為中校。從民國五十六年七月一日（1967.7.1）進廠到民國六十三年九月一日（1974.9.1）退伍離廠，總共在六十兵工廠服務了七年二個月的時間，這段期間，我善用了每一天寶貴的工作時間，學習到一個設備完善機械工廠的各項技術及經驗，也確實完成上級交付的任務及研發有成的實績，捫心自問，對得起國家，也對得起自己，這些寶貴的經驗，製造技術，生產管理，對日後個人職場上的應用及前程發展產生了頗大的效用及影響。

民國六十三年八月六日（1974.8.6）是我服務到期的年限，所以我便申請退伍，廠長江家晉少將召見，希望我留下來繼續為兵工廠服務，我只對廠長提出一個要求，即請廠長能配給我一棟房子住，我便可以留下來，但這問題實非廠長能力所及，所以我便決定退伍，到民間發展。

　　與其同時，沖壓所一位資深領班柏以欣衷心對我表達希望我留下來，不要退，因為大家工作合作愉快，我感激他的盛意，說明要退的原因讓他了解，柏領班之所以對我提出這樣由衷之言，乃因有一次我在廠房裡以口頭交待他改進一項模具製造工作，他即時很認真的答復我：「余先生，我們要有圖才能改，沒有圖不知如何改」，那時我剛到沖壓所才二、三個月，工廠習慣小技術的改進，只要口頭交待一聲便可以了，我不知他是否有意要考我才這麼說，我毫不猶豫當場在彈匣紙盒堆上撕了一片紙板，就在紙板上隨手劃圖並標明尺寸及公差，簽名後，當場交給他，限定三天內改好，柏領班二話不說拿著我給他的圖便去交待改進了，從此以後，他對我的態度非常之尊敬，大小事只要口頭交待便即刻辦到，同事情誼日增，真乃不打不相識。我決定退伍申請呈報國防部後，於民國六十三年九月一日（1974.9.1）正式退伍生效，至此離開十三年半的軍旅生涯，留下一段難忘難捨的回憶。

四海行蹤路迢迢

第二章

中國鋼鐵，千錘百煉鋼

壹、結束軍旅生活，踏尋人生新前程

　　民國六十三年九月一日（1974.9.1）自聯勤第六十兵工廠退伍脫離軍旅生涯，在退伍的前半年，有聯華氣體公司的總經理主動打電話給我，說明因我學弟的推薦，歡迎我去該公司工作，而我則希望往研究發展的方向走，所以申請到金屬中心機械研究所去工作，故對聯華公司表示歉意。於退伍後的第二天九月二日即刻到金屬中心報到，中心的協理王大倫先生為我安排好在機械研究所的專用辦公室，並接受副所長王瑕博士的指導。報到後的第二週，金屬中心董事長齊世基先生自台北南下到中心召見我，詢問一些相關問題後，當面對王協理說：「從優敘薪，並準備進修」，到中心上班半個月後，王瑕博士對我說：「余兄，聽說你在兵工廠有很豐富的經驗，可否準備一些資料paper讓我們也能分享？」我一聽，這不就是「入學考式」麼？我想了一下答道：「王博士，你給我兩週的時間準備，我會寫一篇報告，向王博士及同仁報告，可以嗎？」「可以，我們等你的精彩作品分享」王博士應允道；我用了兩週的時間在圖書館專心寫作，題目是：「樣板設計（Guage Design）」，兩週後，準備妥當，由中心安排報告的時間及地點。特別將報告的地點安排在大教室，當天大教室裡坐滿了聽講的人，甚而還有人坐在窗子外面聽講，我如臨大敵，惶恐不已，好在在兵工廠的技術發展會上，已訓練有素，開講幾分鐘後便穩定下來，很自然順利的將全

篇有系統的報告完畢，在報告的過程中，不時有人發問，尤其有兩位成大機械研究所畢業的同事，問題多且深入，後來才知道他們在服預官時是在兵工研究院。樣板在兵工廠是武器生產過程中必備的量具，通過樣板量測品質合格所製造出來的武器零件，才能達到互換的效果，在民國六十年（1971）間，兵工廠的品管系統是全國最完備的系統，一般民間的品管系統多由兵工廠輸出發展而來。兵工研究院亦為兵工的系統之一，樣板也是該中心必備使用的量測工具，所以那兩位成大的同事在兵工研究院服役時也要學會使用，但如何計算設計製造樣板，他們不一定有機會學到，所以我所講的題目，正合他們的需要，在聽完我的報告後，都改口稱我為余大哥。曾有人在會中說：「余大哥，你的這篇報告，實在是一篇博士論文」，還有人直接的說：「余大哥，你根本已是博士級了！」對他們的美譽，我由衷的感謝。將近四小時的報告及研討之後，協理王大倫先生請我去他辦公室，要求我準備對外開班授課，我即時答復不可以，因為樣板設計在當時台灣的真正專家是朱柏齡老先生，兵工的老前輩，他老也是金屬中心的現職高階主管，有老前輩在，我不可以造次開班授課，王協理解釋，朱老前輩講的大家聽不懂，你講的很清晰，有條不紊，大家都聽得懂，所以還是由你開課，但我堅持不肯，而暫停再議。中心那些年青的研究員、工程師等之所以改口叫我余大哥，而且以後都很親切的相處，原來他們大部份都是我小弟光鄂在成大的先後屆同學，與光鄂都很熟，這篇報告提出後，總算通過了「入學考試」。

我在六十兵工廠退伍前四個月，有學弟譚宗明介紹我申請新加坡CIS的工作，CIS（Charter Industrial of Singapore）是新加坡政府的兵工廠，生產傳統武器及彈藥，與我同時辦理退伍的同期同學張啟陽兄一起提出申請，到我退伍時仍沒有回音，直到我去金屬中心上班半個月後才得到通知，CIS公司的總經理要親自到台灣來對我倆人面試，面試很順利，總經理Mr. K.C. Oei也答應我們比照該公司的一位楊博士敘薪，月薪約合八百美元，算是高薪了（當年我在六十兵工廠的薪水才新台幣八百元），待他回去人事作業後，通知我們去新加坡報到。

當我在金屬中心「入學考試」的報告完了後，我便將所寫的報告以論文的方式打字郵寄到美國肯塔基州立大學我小弟光鄂處，請他代我向學校申請入學，也就是說我仍然希望唸研究所，當時光鄂是在該校唸冶金工程博士學位，與其同時，金屬中心齊董事長召見要我準備到美國接受NC機器設備的訓練，為期一年，並要求我同時申請美國大學研究所入學，以一年的時間唸完碩士，未多久，新加坡CIS公司的報到通知書也寄來了，在同一時間內，三方面齊備要我選擇決定，不可否認的，新加坡的高薪及工作性質最吸引我，但我仍然希望有唸研究所的機會，所以我決心放棄金屬中心對我的培訓。在往CIS報到之前，就往肯塔基大學走一趟，到了光鄂家，親眼見到學生家庭生活的困境，還要扶養一個小孩，可想見其艱苦的情況。光鄂將我的論文及申請入學表送到學校的機械系，當時系中有一位中國籍教授，學校將我的資料交給他，他竟然看不懂我的論文，而且態度頗不友善，弟妹顏敏華也對我分析說：「大哥，

你只管一個人出來唸書，可是一大家子的老婆、孩子要生活，需要錢，況且還有退休的爸媽也要奉養，你叫他們如何生活，過日子？我認為你還是到新加坡領高薪的工作，比較有利，再看看我們，日子過得多苦、多難，何必呢？」這段話我早已想到，而由弟妹講出來，更為真實，最後我決定放棄唸研究所的企圖，將身上帶去的幾百美金全留給他們，而即時回到台灣，向金屬中心提辭呈及準備到新加坡CIS公司報到。

貳、新加坡CIS公司工作實錄

　　一九七四年十一月十三日我與張啟陽兄帶著簡單的行裡，揮別父母、妻子、兒女，乘坐新加坡航空公司飛機直飛新加坡，拿著行李走出新加坡機場航站大廈時，一眼看到我中學及大學同學何長晉兄，我很好奇的問他，你怎麼在這裡？「等你們呀！果然被我猜中是你，公司將你們的英文名字給我看，問我認不認識，我說應該認識，所以公司人事部門就要我來接你們」他答道。我將張啟陽介紹給他認識，便隨他的車帶我們去公司早為我們租好的住所，一路上看到新加坡整齊美麗的市容建設，真乃百聞不如一見，怎不令人稱讚其為政者的用心，與新加坡百姓的福氣！

　　到達住所，是一排座落在裕廊鎮（Jurong）中國公園旁的三棟十多層高的大樓中，我們的住房安排在C棟九樓，三房、兩廳、二衛，非常寬敞，客廳陽台面對中國公園及相鄰的日本公園，景觀十分美麗優雅，當然房租也不少，我們對人事部門的承辦人說：「是否有較便易一點的房子」，他的答復是：「你們是高薪，應該住這樣水準的房子」，安頓下來後，當晚由何兄請我們吃晚餐，新加坡有名的「雞飯」，雖然不是很豐盛，但有老同學在一起，顯得格外溫馨，由於何兄早一年到CIS，所以對新加坡及公司的環境多所了解，尤其對CIS工作的性質，各種狀況已有深入的認識，我們邊吃邊談，這一晚我與啟陽兄已對公司有了初步的認識，此後，我們三

人便成了「一家人」，每週week day便生活在一起，Weekend何兄回去馬來西亞的家，與家人團聚，他全家早在二年前已移住到馬來西亞的吉隆坡了。

公司為我們安排上下班的交通工具，是住在我們附近，品管部門一位工程師黃先生（忘了名字）每天上下班順便接送我們，次日（一九七四年十一月十四日）早上七時半，黃先生來接我們一起去公司報到，公司位在裕廊鎮的工業區內，人事經理帶我們去見總經理Mr. K.C. Oei及總工程師Mr. Lai .chun Long，他二人表示由衷的歡迎並依我們在台灣六十兵工廠擔任工作的性質，分派我到CIS公司的設計室擔任設計的工作，而張啟陽兄則分派到Ordnance公司工作，CIS是生產槍及槍彈為主的公司，而Ordnance則以生產砲為主的公司，我二人被公司派任在國防部不同兵工廠的設計部門，當天上午，總工程師帶我到各工廠去拜訪及了解現場，所見各工廠的機器設備，技術及工廠佈置，與六十兵工廠多所類同，不陌生，人員方面，各廠主管、工程師均為華人，大學畢業，除主講英語外，華語也能溝通，而操作工人方面，包括領工，領班（General foreman, foreman）絕大部分不會英語，如為華人則華語免強聽得懂，大多數講廣東話，而印度人及馬來人則麻煩了，英語、華語、廣東華皆不通，但是領工、領班與他們另有溝通的辦法，我看到公布欄的公告是四種文字並存在同一件公告上，即英文、中文、印度文、馬來文，當到鍛造廠時，該廠正在安裝一部新的機器縮管機（Swaging Machine），這部機器我很熟，是美國新研發出來的鍛機，我曾為台灣的彥武公司設計過，而且在台灣製造成功，我即時告訴他們這

部機器的特性，試車時應注意那些事項，以免發生危險，並得知該廠將使用這部機器冷鍛銅棒，而後用來製造硬幣，該廠廠長見我對機器這麼熟習，中午便對總工程師說，希望我將擔任他廠的顧問，總工程師將此項要求告訴設計室經理Mr. Michael Wu，經理非常高興的轉告我說：「Richard yu鍛造廠長要請你做他們的顧問，這是我們設計室的光榮。」我笑答：「沒有問題，我會盡量幫忙」，就這樣，我在CIS半天的時間便一砲而紅了，致此全公司員工都知道設計室由台灣來了一位專家Mr. Richard Yu。

　　CIS當時正在生產M16步槍，所有的藍圖均購自美國，而設計室也與六十兵工廠一樣在自行設計製造程序及模具、夾具、刀具等，我便分派參與設計工作，辦公室同仁相處十分融洽、愉快；工作中常聽設計室經理與其他設計工程師討論一項棘手的問題，經從旁了解後，得知5.56mm槍彈於生產過程中，底火裝配產生問題，其問題在底火銅盂，即裝有發射點火藥的銅杯，在壓入彈殼尾槽時，壓不到位而產生銅盂鼓肚子（bulging）的現象，銅盂內裝有發射點火藥，如強行硬壓，可能在裝配機器上發生爆炸現象，十分危險，該問題已困擾該公司上下三個月了，5.56mm彈為該公司新的生產線，一切Know-How均購自美國，應無問題，但卻無法解決此項困擾，此一問題屬彈藥火攻專長，公司自不會找我研究，我深知其嚴重性且非專長故未便主動去了解，公司於次年元月到英國以高薪聘請到一位已退休的老工程師協助解決該問題，可謂用心良苦。

　　這位老工程師到公司一個多月，無任何進展，一日，總經理因公出國，他代理總經理，此時他便交待總工程師轉告設計室經理

Mr.吳要我參與研究該問題設法解決，設計經理告訴我：「Mr.余，代理總經理說，你是台灣請來的專家要請你協助解決這個問題」，「台灣請來的專家」這個大帽子壓在頭上，無法拒絕，但請經理轉告代總經理，說明「我沒有火攻專長，只能試試看，但第一件事是請將零件及裝配圖全部提供研究，第二件事我必須要到裝配工場實地了解模具及生產流程」，這兩項要求，公司全同意了；按火攻區非該區工作人員及允許機密等級者，不可能有機會進入參觀或了解。我用了兩個半天的時間，第一個半天在研究圖面尺寸及設計有無不妥，結果是原設計均正確無誤，第二個半天即次日早上經理陪同我去火攻區現場了解，檢視模具及視察裝配流程作業；回到火攻區辦公室，召集了該區負責人及工程師，向他們提出八點分析建議，供他們參考試作改進。

八點分析建議說明後，請他們參照檢查試驗，次日早上十一時火攻場電話進來，高吭興奮的聲音告訴我，Mr.余，我們成功了！我也很高興，心情放鬆了，我這個被套上台灣請來的專家，總算順利達成任務，但我仍然很冷靜的要求他們，雖然成功了，接下去是要做性能測試（performance test），第四天再接到品管部門電話，告以性能測試滿意，至此我完全放心，留下的是撰寫報告，品管、生管、生產等單位各自撰寫完成任務不同觀點的報告，公司自董事長、總工程師、部門經理及全體同仁對我莫不敬佩萬分。從此公司的大小事情都找我協助解決，例如招考新進工程師，人事部門要我參與面試，參加應考的年青工程師，各有不同的學經歷，我會用各種不同的問題發問，面試結束後，設計室的另一位主考官問我：

「Mr.余，你怎麼會有那麼多不同的問題？」「經驗及廣泛的看各類書籍」我簡單的答道；另有一次熱處理爐壞了，要檢修，熱處理部門已有報告說明檢修辦法，但總經理及總工程師批的是請Mr.余提供意見，我對熱處理並不深入，僅以在六十兵工廠接觸到熱處理一點皮毛知識提出個人意見，其意見竟然與熱處理部門的報告相同，公司接受了，熱處理部門的工程師頗不服氣的說：「外來的和尚好唸經！」更有趣的一件事，公司地磅壞了，週末時間，負責部門打電話到家問我怎麼辦？我啼笑皆非的答道：「修呀！找負責保養的公司來修」，這也許是因為台灣來的專家之故，公司大小事都唯我是問。

　　三個月後，我辦理申請父母、妻子、兒女到新加坡安住，共同生活，公司批下來，妻子、兒女可以，父母不行，我大為詫異，那有父母不能同行的道理，公司解釋，這是政府法律規定，但我不能接受這種不合倫理的法律，因而提出辭職回國，再高的薪水我也不要了！在我離職的前一週，全公司主管共同宴請我表示感謝，這是該公司對離職人員的首次表示，即使過去更換總經理，也無人關心，最令我感動者，總工程師希望我留下，並提供公司貸款購屋，而總經理萬分懇切的希望我留下，並強調要升我為經理及加薪，至於妻兒可即時辦手續到新加坡團聚，而父母只要定時將生活費寄回家，父母應可安心自理生活，我沉重的表示：「子欲養而親不在」時不是用遺憾兩個字便可以表達內心的不安，我回去後，以後還有機會再來，總經理只好點頭同意，但他補充道：「隨時歡迎你回來，同時也希望你介紹你的朋友來本公司服務，只要有你的介紹

信即可。」總經理如此誠懇信賴的表示，我由衷的感動及感謝，答應盡力協助；離職的前三天，我仍然正常的上下班及忙於設計的工作，同仁們好心的對我說，你不用再忙了，回去準備行李打包吧！同時設計室經理Micheal Wu叫我到他辦公室，關起門對我表示感謝並問我希望要什麼？這正是我想要卻開不了口的難題，他這麼主動的提出，我也毫不保留的要我希望得到的資料，他非常直爽的打電話叫管資料的負責人送來我所要的副本，因為這是美國原始資料，對我兵工廠新產品開發幫助非常大，我由衷的感激，並邀請他夫婦到台灣旅遊，我會盡地主之誼招待，從此我們建立了誠摯的私交情誼；最後一天早上經理借用了總經理的轎車親自送我到機場，直到我進關始揮手道別。至此結束了新加坡短短四個半月的旋風之旅，卻留下短暫美好的回憶。

與中鋼技術魏傳曾副總夫婦留影

中鋼四人小組到日本研討電腦線上作業系統，於IBM公司前留影

中鋼生產計劃處餐會與袁石城處長合影留念

中鋼尾牙馬董事長（右一）親臨參加

參、運「氣」不逮，熔爐錘煉之

　　在離開CIS的前一個月，我與聯華氣體公司總經理連絡，表示我將回國，希望到他公司工作的意願，聯華總經理即時回信表示歡迎，工作安排好，我便安心的回來了。回到台北的第二天，我便到聯勤雷副總司令少平公府邸拜候，報告在CIS的工作心得，回國原因，並將帶回來的資料呈交副總司令，有利於我兵工廠參考。少平公對我晚生學子關愛備至，垂詢回國後的工作安排，他希望我到剛在建廠的中鋼公司服務，我則表明不願再到公家機構工作，自己已安排好要到私人企業聯華氣體公司工作，少平公點點頭不語，我便辭別趕快回高雄的家，一進門見到一雙可愛的兒女，高興不已，又見父母及妻子都很健康愉快，剎時的感覺：還是自己的家好！

　　回家休息了兩天，第三天便到聯華公司楠梓廠報到，總經理非常高興，介紹我全公司及工廠的現況。下午三時，苗董事長由台北下來召見詢問了我的工作經驗及有關問題，下午五時準時下班回家，約六時卅分，正準備晚餐，突然看到田叔讓學長向我家走來，大為驚呀，便問學長怎麼會到我家來？有什麼事？田學長道：「就是為你而來，今天早上總部動員月會，雷副總司令，大發雷霆，把你罵了一頓，他說：「余光亞離開軍中就不聽指揮了。」，副總司令要安排你去中鋼公司，所以我特別坐了火車趕下來，告訴你希望你接受副總司令的安排，去中鋼報到。」此時我真是為難，今天才

到聯華公司報到，才上班一天，如何向聯華總經理交待呢？父親了解後，說道：「既然副總司令對你這麼關心，你還是聽副總司令的安排去中鋼吧！聯華方面今天晚上寫封限時信致歉，說明原因，不得已，請其諒解」，我只好聽從父親的指示辦理，田學長飯也不吃的趕回台北向雷副總司令回報去了，此真可謂「運《氣》不逮，熔爐錘煉之」。

　　我一方面連夜寫了限時信向聯華公司總經請辭致歉，說明原因，請其諒解，同時也將個人資料準備好寄給副總司令轉中鋼公司。在等待通知的一個星期中，我也到中鋼去了解一些狀況，一週後，中鋼面試的通知單寄到家，我欣然的到中鋼去面試，面試主考官是K26設備保養處張佑宗處長，很客氣的問了一些工廠經驗及專長的問題，最後問道：「余先生你希望的待遇是多少？」，「據我所了解，中鋼有一位剛從美國回來的徐××博士，他有學位卻沒有經驗，我則有經驗沒有博士學位，所以我認為可以比照徐博士的薪水敘薪。」我答道，張處長不以為然的說：「余先生，你要知道，你們軍人到民間企業來，薪水是會低一點，我們民間到軍中去也一樣會核得低一些」，我說：「那就由公司決定吧！」回到家，覺得張處長的話不可理解，當晚便將面試的情形寫信報告雷副總司令；約十天後接到中鋼報到的通知。

　　民國六十四年五月二十日（1975.5.20）早上九時，我以興奮、愉快及期待心情，手持中鋼公司的報到通知單到台北仁愛路鴻霖大廈五樓報到，首先見到的是總經理特別助理傅次韓先生（中鋼第四任董事長），問明來由後，含笑的說：「歡迎你投效中鋼，劉執

行副總經理（中鋼第三任董事長，劉曾适先生）正在等你」，我拘謹的答了一聲：「是，謝謝」，便跟隨助理副總到執行副總辦公室，初次見面的談話，使我對執行副總留下了極深刻的印象，他簡單的解說了公司初創伊始，各部門均需人才，並說明工程進度管制追蹤的重要性及前途，我以十二萬分的誠意說：「一切聽從副座安排」，隨後便到人事部門辦理報到手續，並由鐘潤松兄陪同到K29綜合計劃協調處向張岩處長報到（後升任中鋼總經理）。張處長熱忱親切的表示歡迎，稍談片刻即安排辦公桌椅。張處長對我似乎已有所了解，當天上午十一時許，我的坐位還未完全定下來，張處長便開始工作分派，交待兩項工作，即時辦理，第一件事，是要我主持下午二點鐘的吊車分配使用協調會，第二件事，要我負責製圖組的督導工作，當這兩項工作交待時，我暗想，效率真快，我連了解一下工作環境時間都還沒有呢。

吊車分配使用協調會議，下午二點準時召開，各需用吊車的單位人員都到齊了，正準備開會，只見K21與王鍾渝（中鋼第七任董事長）兄同來的美鋼顧問，已忘其名，站在會議桌前，大聲叫喊，語氣囂張，竟然將卷宗往會議桌上一摔，其態度之惡劣，實無可忍，我便以堅定的語氣，請他坐下冷靜，並說明本協調會的目的，是為全公司各單位協調配合，同時完成公司建廠的任務，不是只為K21一個單位協調，對他剛才的態度覺得遺憾，並建議他從現在開始「保持冷靜不要講話」，這句話我連講了二次，果然這位老外不再叫，也不再說話了，靜靜的坐在會議桌前，隨即我宣佈開會，用中文討論，會後，老外問我，他可否知道內容，我說可以，請你的

同伴告訴你。這一段小插曲順利落幕，張處長在一旁冷眼旁觀，似乎隱約得到他對我第一項工作的肯定！而那位老外，以後見到我就是不理我，也好，至少讓他知道K29不是好出氣的地方；第二件負責督導製圖小組的工作，倒是很簡單，也是我的專長。

當年六月底，K29全處南下，搬到現在福利大樓正中央的臨時大辦公室，並開始配合現場施工作業的進度管制協調。七月間，運輸處馬仁傑處長以協調配合管理，調配方便為由，將全廠將近一百多部大小各型機動吊車交K29總負責，張處長欣然接受並責成我負責是項工作，並成立吊車工作小組，組員有熊佑生及汪沛民兩位工程師，另有十多位吊車駕駛操作員，熊、汪兩位工程師年青有為，負責盡職，例如為了招考優秀的吊車手，擬訂出一套考選辦法，有筆試、口試及現場實地起吊操作，這樣完整的考選辦法，避免了外界的干擾，也折服了美鋼顧問。隨後為了配合工作時間的需要，原吊車的桁架裝拆及換鋼索是委由K26設備保養處執行，該處工作亦忙，往往不能配合需要，為方便計，便由吊車小組在彭領班的帶領下，自己練習裝拆及換鋼索，而接下這項工作，最難能可貴的是，吊車小組精簡用人，任何一件工程，吊車作業一定是兩人一組起吊，而本小組只有一人，甚而一人同時操作兩部，多則三部吊車的狀況，至中鋼全部工程進度完成，吊車小組竟然沒有出過一次意外，尤其高爐吊裝時，是用兩部各一百頓的吊車，同步吊起約三十公尺高，移位到定點放下，驚險萬分，起吊時，如臨大敵，公司董事長、總經理、各級主管全到齊，大家屏息觀看此驚險的吊裝作業，結果平安順利達成任務，所以在建廠完成之後，馬仁傑兄半開

玩笑的對我說：「老余，你老兄的吊車小組在公司建廠功勞簿上也記上一筆了！」此話馬兄解釋，任何大的工程很少不摔的，你老兄不但不摔，還一個吊車手同時操作二、三部吊車，你的膽子真大！我這才了解為何他將一百多部吊車全部交K29管理作業的道理，真乃不知者不怕，知道了反到是為過去捏了一把冷汗。有趣的是，當公司建廠完成，熊、汪二位工程師分別申請到美國留學，行前問我：「余先生，你個子也不大，可是這些吊車手他們都很怕你，全聽你的，為什麼？」我的答復是：「誠懇相待，合理要求，尤其是工作紀律絕對要求，僅此而已。」他們對我的答復並不滿意，且以奇怪的口吻說：「真是只可會意，不能言傳！」

在建廠期間，張處長曾因公出國一個月，業務由唐植詢副處長代理，K29是建廠期間的綜合協調服務單位，最主要的業務之一便是進度管制及對政府每月定時報進度，而在唐副處長代理處長期間，唐副處長對報政府進度資料有其看法，而負責報進度的同仁，不以為然，故唐副處長一時火氣上來，便大發雷霆，在盛怒之下，指著全體同仁大罵，頓時，全辦公室同仁莫不愕然，都不敢出聲，因代處長的大聲叫罵，也驚動了鄰室其他單位同仁來探視K29出了何事？等到下班後，同仁皆回家了，見代處長一人還在辦公室，我以極冷靜的態度向代處長提供今日下午事件發生的意見，看法，供代處長參考；我很委婉平和的向代處長報告：「同仁工作不力做錯了事，應該責備甚而處罰，但您今午的責備是一桿子打翻了一條船，不太妥當，因為其他同仁並沒有犯錯，心裡會很不平衡」，代處長問「你看該如何處理？」我答：「如副座同意，以後各同仁

的公文，可先經過我及汪允怡兄過目，須呈核者再呈您核閱，如何？」代處長同意了，我離開辦公室在門口碰到K21向處長，他問是為何事？我簡單說明原由及處理經過，向處長道「很好，你多費心」，次日早上上班，我便向同仁說明公文處理流程，如此在張處長回國之前業務得以順利推動（向處長即中鋼第六任董事長）。

次月張處長回國前一天，我再向代處長報告「張處長明天回來，副座是否要整理一個月來的工作進度，向張先生報告？」代處長答：「你整理好了，也由你直接向他報告」，我遵照辦理，次日早上十時許，張處長回到辦公室，我將備妥的工作進度一一向張處長報告；下午一點鐘時，張處長招手叫我過去說「老余，老向說你是一把手！」我即時問道「何謂一把手？」張處長道：「你不用管，反正你是一把手」我不再多問，回到自己的座位上沉思良久。

民國六十五年（1976）公司建廠接近尾聲，公司組織也開始轉變成生產型態的組織，K29也準備改組前的人員訓練，我被指派往美鋼Lorain Works接受條鋼，線材及小鋼胚的生產計劃（Production Planning，縮寫PP）訓練。我與莊維波兄同時到Lorain，住進預先安排好的一間小的Holiday Inn，在去Lorain之前我們就聽說先到的其他單位受訓同仁為了省錢，每天晚餐及週末都各自關在自己房間用電阻絲，電碗甚而電杯煮麵充饑，這樣的生活方式，對長時間受訓而言是不太洽當的，會影響身體健康，所以我與莊兄一住進Holiday Inn後，放下行李即刻走路到Shopping Center去買了炊具及米、肉、菜等回來，開始做晚餐，等到六點鐘左右，其他單位受訓的同仁都回來了，我們便邀請他們約五人一起到我房間用晚餐，這

一餐大家吃得很高興，飯後還唱歌，大家一致的說，這是來此受訓長時間以來最快樂的一餐，我便乘大家高興時，告訴他們，在國外受訓，首先要注意各人的身體健康，飲食最重要，省錢是好現象，但必須注重營養，萬一生病，得不償失，同時下班後，彼此也要有點活動，不要回到寢室就關在房間不相往來，這樣不太好。小老弟們也都聽進去，同意我的看法。在這段受訓期間，我與莊兄帶著這批小老弟公餘作一些活動，甚而還參加附近一所高中校慶時的歌唱晚會，我們也獻唱了兩首歌曲，使受訓時的生活不致太孤寂苦悶。

受訓期間，我與同組的林佑生兄一起在PP（生產計劃）部門接受在職訓練，一個月後，我發現只是單純的PP訓練，不足以完成未來工作上的需要，甚致有可能影響未來工作的績效，與其他單位的配合，所以我個人遂提出要求到各單位作概要的學習了解，包括營業、市場、會計、財務、生管系統，機電設備保養系統、各生產工廠、倉儲、發貨、運輸、盤點等，無一不去學習了解，因為單位太多，各單位我只能安排半天，最多一天的時間有系統的了解，並收集一些必要的表單及業務執行辦法，甚而還有客戶檔案，在Lorain Works的PP受訓結束的前一週，我與林佑生兄將Lorain Works的作業系統用方塊圖繪出全系統的流程圖，令Lorain Works的PP主管大為驚訝的說：「我們自己還沒有這樣的系統流程圖，你們可否將此圖留給我們一份副本參考」，當然我們很高興留給他們，同時這張圖也是日後回到中鋼後，建立自己作業系統的一份重要的參考資料；在離開Lorain Works的前一天，Lorain Works PP的處長召見我與林佑生二人，我們除了對該廠的熱心訓練表示感謝之外，也回

復PP處長希望我們提出對Lorain Works的觀感作了很懇切的表示意見，我特別強調：「Lorain Works的系統管理，我個人覺得並不理想，……」，處長表示驚異；我們在基層受訓在短時間內就能看出其缺失，表示十分願意接受這份意見。

美鋼受訓回來，中鋼進入試車試產階段，公司組織也已全部轉變，K29的同仁，依其個人專長性質分別分派到W7生產計劃處，W8工業工程處，T2冶金技術處，C3運輸處等單位，此時公司也開始發工作服以便於管理，工作服上衣左胸上方印有「中國鋼鐵及個人工號」，大家猛一看是「鐵鋼國中」，工號就變認成學號，所以同仁彼此開玩笑同為「鐵鋼國中」同學，以後要相親相愛啊！大家哈哈一笑！我個人被分派到w72條鋼、線材及小鋼胚組擔任組長，組內有林佑生及高榮材兩位工程師，此時公司一方面進行試俥，試產，同時也成立產銷制度系統規劃小組，由財務部門的資訊處廖啟文兄擔任組長，組員除資訊處同仁外，W7為主要參與單位，W8為支援參與單位，本小組負責研擬各單位系統的運作規劃與全公司整體系統規劃相配合，往往各單位在本位的立場，各堅持個別單位系統作業的方便要求，而造成整體系統的盲點或不連貫性，此時本人會提供在LorainWorks受訓時系統了解的資料、資訊，讓各單位了解而使系統規劃設計工作順利進行；當系統規劃設計尚未完成之前，每月的產銷會議，各單位各有自己的統計資料，報表在會中提報，而各單位資料數據多不能一致，不相吻合，以致在會中多有爭議，終有一天，總經理趙耀東（公司同仁稱他為趙老大）在會中裁示，各單位的報表他一概不看，只看資訊中心的電腦報表，現在電

腦報表不正確，設法修改程式讓它正確，就因為總經理如此堅持只看電腦報表的決定，使中鋼資訊系統進展急速而有效的發展成功應用，一時成為全國應用電腦資訊系統最成功的單位，甚而行政院政務委員李國鼎先生專程南下住在中鋼宿舍了解中鋼電腦資訊系統的運作，稱讚有加，這也讓我記起在電腦系統推動之初，除低階現場人員有所抗拒外，我竟然親耳聽到有高階主管對使用電腦系統不以為然的譏評，說國內那麼多大公司不用電腦還不是一樣做得很成功，可見初期使用電腦資訊所遭受到的抗拒，排斥阻力之大，而等中鋼電腦系統推動應用成功之後。便再也沒有人異議了，也避免了「煉一噸鋼要用一噸紙」的困擾。

在中鋼全公司系統作業規劃設計時，美鋼的PP顧問也參與，同時美鋼還專為此從美國派了一位年輕的專家來協助此項堅鉅的工程，在設計生產計劃系統時，我與美鋼派來的專家發生極嚴重的爭議，因為生產計劃是承上轉下具有代表公司上級主管下達生產命令的中間單位，所以它的規劃十分慎重，而美鋼派來的顧問只是部份專家，亦無整體系統觀念，很多設計概念僅來自美鋼的某一個廠的鋼板組或條鋼線材組，其實美鋼的各個工廠的生產計劃制度或作法亦不盡一致，這位年輕的顧問不知所以然的要將他瞭解的局部用在中鋼的整體系統制度上，我則堅決反對，爭執得非常尖銳，此爭議傳到建廠主任委員的耳中，劉曾适主委即時派美鋼首席顧問Mr. Vengon（？）來瞭解，那位年輕的美鋼顧問解釋了他的構想，我亦說明了我的道理，首席顧問聽罷無法解決，回去覆命報告主委，開玩笑的建議，發給他們一人一枝手槍決鬥以決勝負，再作決定，

在不得要領後，劉主委即交待K29張處長深入瞭解，張先生對我問明原由，我詳細說明強調，這個制度系統是中鋼要用，要能符合我國的法律制度、民情習慣，不是美鋼要用，張先生同意我的意見，並向主委報告，主委裁決採用我的構想設計，此一爭執總算解決案；為使生產計劃做得無缺點，我與林佑生兄除用文字說明，並用流程圖及表單詳予表達每一站的功能，此流程圖好似長江萬里圖般的宏偉，頗感驕傲，經一年多的爭執辛苦，終於完成初稿，付諸實施。

當公司建廠接近完成的前半年，公司組織尚屬建廠的型態，業務部門及技術部門均未成立，有關冶金技術方面，在K29成員內有三位成功大學礦冶系畢業的工程師，他們奉張處長之命預先研討造船用鋼板的規範，三位年青的工程師都很優秀，也是我小弟光鄂在成大的同學，他們很用心的研討造船用鋼板需要的特性，經過一段時間後，仍不得要領，一天當他們正熱烈討論時，我主動挨過去表達我對鋼材選用的經驗及意見，首先說明鋼種的分類，繼而說明每一種分類鋼材的特性，如此可根據產品使用特性選用鋼材，例如船板用鋼有三大特性要考慮，即耐海水腐蝕，大平面鋼板抗壓強度及焊接性，而後決定要用那一類的鋼材，我表達意見完後，回到自己的坐位上，聽他們三位有人以奇怪的口吻說：「老余怎麼懂得這些？」日後我對那位工程師開玩笑的說：「我用的鋼，比你看的鋼還多」，這雖是笑話，卻也是事實；記得在建廠期間，有一天與吊車保修有關的工程，設備保養處的一位工程師到K29來說明要換新零件，這項零件短期無法從國外來，為應急須在台灣自製，我問他

選用什麼材料，他答就用由廢船拆下來的吊桿料，我即時告以不可以，因為廢船拆下的吊桿，一方面不知吊桿材質是否合於要求，另一方面廢船吊桿已經用了十幾二十年了，多已有金屬疲勞的現象，用作吊車負重零件，太危險，一時這位工程師為之語塞，K29張處長見狀，立刻對我說：「老余，技術方面的事情，由他們做決定吧！」由此可見，建廠初期，中鋼的工程師對鋼材尚不了解，而今他們都已鍛練成熟，為國內真正的鋼鐵專家了。

民國六十六年十二月（1977.12）中鋼建廠完成，正式開始投產，美鋼為中鋼所擬訂的試產學習曲線（Learning Curve）為期一年半，但因中鋼在開始生產之前一年即已支付了數佰萬美元的訓練費，將各單位的相關主管、工程師派往美鋼受訓，吸取經驗，同時受訓回來後的產銷系統及全公司管理制度的規劃設計，也在短時間內初步完成試用。彼時全公司朝氣蓬勃，在堅強的領導中心督陣下，致公司士氣如虹，竟能在八個月的時間，達到全能產量，只用了學習曲線一半的時間，全公司雀躍歡欣鼓舞，美鋼顧問們也欣慰，驚訝不已，與有榮焉；在公司開始試產，生產計劃處便參與了生產計劃作業（pp），發揮了PP應有的功能，從原料的需求，煉鐵、煉鋼、軋鋼出貨等排程，無一不是PP精心的付出，使各工廠生產有序，以致全公司在生產的yield達到最高的比值，也讓PP在公司日漸受到長官及同仁重視。民國六十八年（1979）中我個人也受到長官對我工作績效的肯定，而提拔晉升為W7生產計劃處的副處長。

中鋼試產八個月即達全能產量，可賀可喜，但從開始運轉所得到的經驗，發現資訊系統尚不夠完備，因此，二期擴建，公司決策

規劃電腦線上作業系統，並由資訊處及生產計劃處選派四位同仁到日本鋼廠及有關單位去見習，四位成員是廖啟玟、黃群、闕燈榮及我本人，由廖啟玟兄擔任團長，因為他是資訊處處長，並由廖兄接洽日本AIC資訊軟體公司，日本鋼鐵公司的各個工廠及IBM的日本公司；在訪問到日本鋼鐵公司某一工廠時，負責接待我們的是該廠的生產計劃經理，該經理非常謹慎，談任何問題都得不到要領，也拿不到資料，巧的是在談到一半時電話來了，請他去開會，而由一位年青的生產計劃工程師來繼續與我們談，等這位年青人坐下後，我們即時拿出一份小禮品，印有中鋼Mark的皮夾送給他，他很高興，有問必答，且將該廠現場電腦終端機配置圖提供，及其它書面資料，此項幫助頗大，必竟年青人是純潔的；在參觀IBM日本公司時，果然是國際性的大公司，不同於一般小公司的氣度，介紹了很多系統觀念及資訊，頗有助益，當然也從AIC公司得很多新的知識及系統設計要領，十天訪問結束回來，由黃群兄執筆，有系統的整理所有資料，規劃二期Online System架構，向總經理，副總經理等簡報，並建議二期擴建資訊系統由公司自行設計，可節省預算開支約三十萬美元，簡報完後，經上級裁示自行設計得以獲准，大家興奮的展開工作，也非常順利的完成此項甚為艱巨的任務，只是對AIC公司而言，甚表歉意，令他們失望，但對該公司服務熱忱由衷感激。

槃才益展

在中鋼結構公司擔任廠長時由董事長發放趕工獎金

畫中站立者即為筆者，時任該廠廠長

肆、臨危受命，不成功便成仁

　　中鋼於民國六十六年十二月十六日（1977.12.16）第一階段建廠竣工，開始年生產粗鋼一百五十萬公噸，並於次年民國六十七年七月一日（1978.7.1）開始第二階段擴建工程。鑑於第一階段建廠經驗，為節省建廠用鋼結構從美國鋼鐵公司（簡稱美鋼）自美國訂購運回國，不但單價昂貴，更而運費貴得驚人，因而經政策性的決定於第一階段建廠完成的次日，即民國六十六年十二月十七日（1977.12.17）正式成立中鋼轉投資的「中國鋼鐵結構公司」，將中鋼第二期擴建所需用的鋼結構全部由該公司負責生產，由中鋼建廠副主任委員趙春官任董事長，趙殿侯先生任廠長，約經二年的建廠時間於六十八年（1979）初開始生產鋼結構，生產一年後請到蔡作儒先生擔任總經理。

　　中鋼結構公司設計的全能產量每月一千噸，自開工近半年時間，每月產量僅約在五百噸上下，影響到中鋼二期擴建進度，而美鋼顧問不時提出要求，為預防工期落後，應即時向美鋼訂購鋼結構，中鋼的上級負責長官為此頗為心急，其對策是派遣中鋼各單位有關人員到中鋼結構擔任顧問性的工作，協助解決各項疑難，希能提高中鋼結構公司的產能。然而三個月後仍無效果，遂派IE人員到中鋼結構研究問題所在？而提出報告是須要換結構廠負責人才能見效。因為中鋼各部門派去支援的人，均未能全盤掌握到系統的領

導指揮，意即應派中鋼的人去接任廠長的工作始能產生效益。總經理傅先生即時下令生產部門選派適當人選，而中鋼結構趙董事長對人選提出三條件：1.年齡在四十歲以上2.學機械的專長3.具工廠經驗十年以上，這三個條件，當時在中鋼除高級幹部之外，中級幹部中只有二人夠資格，一位是W6設備處副處長江淳熙兄，另一位就是我本人。經助理副總經理以上主管選派作業，最後決由我去接任中鋼結構廠廠長。傅總經理的批示：「CSC派W7余副處長借調CSSC充擔製造工廠廠長，以參個月為期，在借調期間，余員待遇仍由CSC支付。」生產部門陳副總經理樹勛召見：「不成功便成仁」，我答道：「是，我了解。」就這樣，我背著長官的叮嚀去上任。

六十八年七月二十二日（1979.7.22）隨同w7袁處長到中鋼結構參加生產檢討會，會議由趙春官董事長及中鋼生產副總陳樹勛先生共同主持。會議一開始，趙董事長即宣佈，從今天起，結構廠廠長由中鋼生產計劃處副處長余光亞接任，本月的產量為一千噸，這項命令宣佈，使我措手不及。因為我之參加會議是為了先行了解實情，如此宣佈，我只得硬著頭皮完全接受。會中我發現氣氛十分凝重，中鋼派來支援的各單位同仁對鋼構相對的單位工作報告，幾乎都是責難，至開會當日的產量僅及四百五十噸，距一千噸還有一半之多，然而可用的時間只有八天，這項任務，使我如坐針氈難安，會後，我開始到現場了解，從頭到尾，每一工作站，每一據點全盤了解。次日早上召集全廠各級主管開會，下達第一道命令：「用各種方法務必將七月份產量達到一千噸以上，不准講理由。」會中並

將所見各站缺點提出指示要求立即改善，並告訴各主管我會隨時在現場，有問題立刻報告，會議二十分鐘結束。在這八天中，除午餐時間外，我整個時間都投入在現場，就地解決各項疑難，終於在七月三十一日的最後一刻，午夜十二點正產量達到九百八十噸，僅較目標產量少二十噸，次日八月一日上班，趙春官董事長得知產量達到九百八十噸，高興不已，立刻宣佈中午請全體幹部在中鋼明邦廳午餐，並對全體幹部鼓勵打氣。全廠士氣亦為之振奮提升，對日後產量培增有了極大的正面影響力。

八月第一週星期二鋼構公司的產銷會議上，中鋼各單位的支援同仁，對鋼構公司各相對的單位仍如過去一樣嚴加指責，細數工作不力之處，鋼構各單位主管無言以對，低頭不語，待中鋼同仁發言完畢，我一一加以說明，並點明中鋼同仁未盡到責任之所在，此時中鋼同仁無一人能與我相辯駁，並告知中鋼同仁，以後我是鋼構廠長實際負責人，有任何問題、指教，請大家直接找我討論。會後，支援中鋼結構V6的馬翰樞處長與我握手說：「老余，你很清楚……」，從此中鋼結構的同仁不再是受氣包了！一週後馬處長辭職離開了中鋼。

我一砲打響了鋼構公司，而接下來還有艱鉅的任務在後頭，因此我必須設法改進鋼構廠的作業能力，在接下來的兩個月內，我用了一些非常的手段方法作了一些驚人的決定及作為，例如：

1.陣前換將，就地任命

　　按鋼構工廠的組織，有廠本部組成課、電焊課、塗裝課及保養課等。在接任廠長八天中所了解到必須改善的問題甚多，影響生產進度的原料管理不善，至每切一塊鋼板需到鋼板堆置場翻堆數小時，嚴重影響整體進度，又切妥之鋼板以後的生產流程有倒流現象，作業受到干擾。這均為組成課的工作。但無論如何要求課長改善均不得要領，無法配合。在忍無可忍的情況下，遂於民國六十八年八月三日（1979.8.30）早上，一個颱風來臨的日子裡，在鋼板切割台儲存區，以一週來仔細觀察認定的一位作業員蔡明宗，就地任命他為該地區負責人，其主要任務，除督導鋼板切割外，就是整理鋼板存放的問題，如何整理、存放、取用等，均一一說明，要求照我的交待即時去做。雖然颱風來臨亦要求即時動工，經過十數天的辛勞努力，終於達成任務，解除了需數小時才能找到一塊鋼板的現象。至於工作流程，乃工廠佈置所造成，然而課長不能配合改進，亦在忍不可忍的情況下，於九月初的一個下午，快下班時，就在現場對該課長下令，從明天起調廠長辦公室任廠長助理，其課長職務由電焊課長馮春源代理，次日即與馮課長研討工廠重新佈置整理要領，並利用下一個週日加班整理完成，如此得以順暢的工作，增加生產流程的速度，提高了生產力。這樣斷然的措施，給同仁造成了很大的壓力，但成功的果實大家都愉快的分享，也難怪同仁在背地裡叫我是「打火的」。

2.激進的工作方式，平和而閃電式的提高產能：

(1) 鋼結構工程最常用，且為不可缺的一項小零件，稱為「連結板」（Small Piece或gasket），往往整個鋼構工程因此小板生產不繼而進度落後，造成很大的困擾及損失，而此小板的生產，多用鋼板切割剩下的邊料再以人工火焰切割產出，所以非常費工夫，在我接任鋼構廠長之前，即已發包給包商在廠外生產，但是一個極明顯的事實，是包商無法符合生產進度配合的需要，八月十八日下午我親自到包商工廠實地了解，發現包商有力不從心的情勢。就在那個時候，順勢收回自製。收回自製的主要觀點，在於因連接板不能達到生產量要求的責任，並不因已發包給承包商，中鋼結構公司便沒有責任；這樣斷然的決定，對日後的產量有了關鍵性的改進。雖然包商心裡大為不快及失面子，但為了「救火之急」，也顧不得那麼多了！

(2) 在收回連接板外包案後，鋼構廠本身的多頭火焰切割機，操作員一直只使用一個火頭切割，十分鐘切一片，一小時才切六片，一天八小時只能產出四十八片，完全不能配合需求，我也曾要求課長責成改進，要求六個火頭同時切割，但總得不到肯定結果，未能改進，也就在八月的第二週，交待接任的馮課長，要求在明天早上一定要六個火頭

同時切割，如其不然，即時換人，原操作員請他離職，這項命令，十分有效，次日早上八點準時，六個火頭全開生產，因而產能每日增加了六倍，對進度配合有莫大的幫助。

(3) 對小包鼓勵發放趕工獎金，同時也祭出「三振出局」。

為了配合中鋼二期已落後的工程趕上進度，而使出各種方法要求小包日夜趕工，其中經與蔡總經理研討，同意對廠內小包每月所交付之工程量，若能合格提前完工，按提前的天數計算趕工獎金。此項鼓勵措施因獎金金額不少，十分收效，我也對各小包的老闆說，希望他們領到的獎金不要公司獨吃，也要給員工一點分享，必竟工作是由員工趕出來的。

另一方面，也有小包無論如何要求，甚而由中鋼結構廠協助，提供設備，工作人力等都無法使之如期完成任務，在這樣的情況下，我親自與小包老闆懇談，說明該公司不能配合進度，影響中鋼建廠，而請其諒解離開中鋼結構廠，一時高雄某地方報紙刊登某某公司被中鋼結構公司「三振出局」的震撼消息，中鋼公司警務處的安全部門，即時找我問明原由，並準備派安全人員保護我，我答道：「不用了，謝謝！雖然這類黑手是會白刀子進，紅刀子出，但這家不會，不但不會，老闆還表示歉意要請我吃飯。我對他說，中鋼的規定，無論買與賣都由中鋼在明邦廳請吃飯，老闆不便接受，雙方誰也不請，互道珍重再見，所以不會

有問題」；此事發生二週後，中鋼趙老大董事長到鋼構廠現場視察，就在現場對我交待：「凡不配合的小包，就要Kick out」，我答道：「報告董事長，二週前我已Kick out一家了。」

另有一件與小包有趣的事件，某小包的老闆之一，也是工地經理，該經理據聞是中央級某長官的親戚，身材高大，很胖，嗓門也大，對誰都不買帳，就連鋼構部份主管也讓他三分。一天的中午一點半鐘，我在組合場的馬路上碰到他，立即將他攔下，問他為何進度落後及不能配合要求事宜，他馬上咆哮如雷，這時我也毫不禮讓用最大的聲音與他爭議，頓時全場的人都停止工作看著我們，最後我以最堅定的語氣告訴他，如不能配合要求，將遭Kick out的處置。第二天，他到我辦公室道歉，過了一個月突然傳來消息，說他在台北過逝，如是有人開玩笑的說：「他是被你氣死的。」

(4) 爭取比照中鋼發給同仁生產獎金：

在為小包爭取趕工獎金的同時，也考慮到工廠內部自己同仁也應該有獎金鼓勵，如是在七月份產量興奮的達到九百八十噸，八月份表現尤佳，產量增加一倍達約二千噸之後，九月初為使產量能繼續增加，便集合了全廠同仁，我站在一堆約兩公尺高的鋼板上，放聲而誠懇的對大家呼籲，希望大家同心協力，繼續努力，發揮最大的能力使產量繼續增加，達到每月計劃的目標，則我願為大家請

命，爭取同中鋼一樣的工作獎金，只要績效達到，也可以週六下午不上班。我問大家是否願意合作？大家同聲答道：「願意」，我興奮不已的將此意願向蔡總經理報告，請他支持這項議案，以便向董事長要求，總經理答應全力支持，因而在當月份的生產檢討會上，我向董事長提出此案，得以順利通過，並對週六下午不上班也得到首肯。這兩項決定，立即使全公司同仁喜不自勝，自然工作績效蒸蒸日上。以後每月的產量都在增長，達到計劃目標，最高生產到每月五千三百噸，為全能產量的五倍。一天早上蔡總經理碰到我，問道：「光亞，你每月增產一千噸沒完沒了啊！」我笑而不答，可是我內心的答覆是「我是在完成中鋼交付的任務啊！」

(5) 活人不會被尿憋死：

為了解決連接板生產瓶頸，除將外包連接板收回自製，及改善廠內多頭火焰切割效率增加產量外，為要徹底解決問題，必須要有大量生產的設備，我是機械廠出身，對沖床使用非常了解，便向總經理提出購買一部30T的沖床，沖頭改裝兩片剪刀，即可達到剪切的效果，使連接板的產能大量增加到一天可生產三百多片，如此解決連接板切割的困擾。然而接踵而至的是連接板鑽孔的問題，需要大型大馬力的鑽床，買沖床已花了公司約台幣三十萬元之多，為節省開支，我發現中鋼設備保養處，有閑置的鑽床應可以借用，同時當我被任命接中鋼結構廠長時，該處的張處

長，時已升任助理生產副總經理仍兼w6廠長，打電話找我去他辦公室指示：「光亞兄，你大膽的去接鋼構廠廠長，有任何問題回來找我，W6會支援你，我可以通天……」，「是的，張先生，謝謝你的支持，我會盡力的去做」我答道。可是，當我親自向該處副處長提出借鑽床時，副處長不便作主，須報告張處長作決定，等到第二天的下午，W6副處長打電話告訴我：「張處長說，余廠長也不能完全依賴中鋼呀！有問題要自己解決」，我一句話也不說，卦上電話，即時撥電話給我以前在兵工廠的老長官蔣集成主任，他在經營機械加工廠，有鑽床多部，我請他支援，將他的一部大型的鑽床租給我，租金比照其他租用的鑽床支付，並請他第二天的中午以前搬到鋼構廠，老長官二話不說，同意了，果然，第二天早上便搬進來了，下午就可使用生產。W6派在鋼構廠的支援同仁，對我說：「余廠長你的動作真快」「是的，活人不能被尿憋死，這還難不倒我」，這位同仁很激動的稱讚道：「余廠長，你真了不起」；這件事發生後，照理應該即時報告蔡總經理，甚而董事長，但我冷靜下來，直等到一個月後，在廠房現場與蔡總談話時，才向蔡總報告經過，蔡總馬上跳起來要去中鋼找張處長理論，我攔住他說：「蔡總，我就是怕你發火，所以當時沒有告訴你。和為貴，問題已經解決了，犯不著了，知其為人便是！」蔡總冷靜下來了，而這個問題給了我頗多的感觸，是何用心，相信彼此都了解。

從六十八年七月二十二日（1979.7.22）到中鋼結構廠報到，至十二月底即將達五個月的時間，產量由初接的四五〇公噸增產到五三〇〇公噸，若按中鋼傅總經理的批示「以參個月為期——」，我早就應該在八月份回中鋼了，但中鋼結構公司趙春官董事長堅持需要我在鋼構廠多做一段時間。然而中鋼方面也不斷的提出要我回公司，演變成雙方都在中鋼趙老大董事長面前要人，到十二月上旬，趙老大邀集了中鋼結構的趙董事長（尊稱趙老），中鋼的傅總經理及W7的袁處長，討論我是回中鋼還是繼續留在中鋼鋼構公司，在相互堅持不下時，老大決定請袁處長問我的決定，當然我給袁處長的答復是回中鋼，如是決定我在六十九年元月一日（1980.1.1）回中鋼W7原職，在回中鋼之前，十二月中的一天下午三點鐘左右，在鋼構廠房，鋼構董事長趙老很高興的叫我，同時爬上約二公尺高的一堆鋼板上對我說：「老余，有人主動要求接你的廠長」，「誰呀？這麼有興趣」我問，趙老說：「石××，但是趙老大不同意」，我即時問道：「很好呀！為什麼不同意？」趙老說：「老大說他的Potential比余光亞差遠了，⋯⋯」等趙老還未說完，我趕緊插嘴道：「怎麼可能？」趙老兩手一攤的說：「這是老大講的，又不是我說的」，我不再說什麼，而談些別的事，回家後，我暗想，董事長高高在上，怎麼會那麼深刻的了解下層幹部的實情呢？

　　在回中鋼的前半個月，我對蔡總建議由副廠長馮春源接任廠長，說明馮兄在將近五個多月的時間裡，由電焊課課長，後兼組成課長而至升任為副廠長，這期間他對我有極大的幫助，負責

盡職，而且有能力、才幹、及操守，是一位可信賴勝任的廠長人選，並說明已徵得馮兄同意留下來接廠長。蔡總經理表示同意，繼而我也請蔡總考慮對馮兄留下來接廠長時，宜調整他的薪資及等級，蔡總也答應了。在廠長人事安排妥當後，六十九年元月一日（1980.1.1），在中鋼構公司惜別會上，接受了趙春光董事長，代表中鋼構公司全體同仁，致贈的「槃材益展」紀念牌一面，及工廠全廠同仁贈送的一幅大尺寸的油畫，油畫中我載著安全帽，穿著工作服，在工作現場的畫面，很有紀念性，隨後我正式辭別中鋼結構公司兼任廠長職務，以功成身退，達成「不成功，便成仁」的艱鉅任務，再回到中鋼生產計劃處（W7）副處長的工作職位。

業務副總金懋暉（前排右）主持與原料商簽長約

中鋼業務副總金懋暉（右一）與作者接見廠商來訪

中鋼採購處同仁年終聚餐

余處長榮升紀念：余輩楷模，光耀鋼莊，亞賽鐵頭

伍、回中鋼接受新任務的挑戰

民國六十九年元月一日（1980.1.1）回到中鋼W7生產計劃處原職，數日後，袁處長因公出國，我代處長職務，全力協助鋼板組以應付中船公司需鋼板的壓力，第二個星期四的下午約四點四十分，董事長辦公室王家芬小姐打電話給我說：「董事長要你現在來一趟」，一聽之下，心想又是中船鋼板出了問題，我便抱了一大堆有關鋼板生產的資料，趕到第一行政大樓，在電梯口猛然碰到傅總經理，笑著對我說：「董事長要升你的官了！」我只啊了一聲，滿腦子裡都在想中船鋼板交貨的問題，完全沒有聽清楚及理解傅總經理話中的意思，只是一鼓腦的鑽進電梯直達六樓到董事長辦公室，一進門見到董事長辦公室站滿了人，有生產陳樹勛副總、業務金懋暉副總、財務徐昭壞副總、行政宣樹晤副總及人事處長黃政勝兄等，一時我愣住了，陳副總見狀，立刻對我說：「老余，你把資料先放下，今天不談這些，先坐下來」，我還來不及坐，董事長趙老大說話了：「光亞，你去接採購處」，「接採購處？我有點受寵若驚，過去我從未接觸過，也不懂」我答道。老大又說了：「就是因為你不懂，所以要你去學，原則是做錯了可以原諒，下次不犯，但違法則絕不寬待，還有，你把國內採購做好，就算你成功了」，接著金副總問何時報到？董事長說：「明天」，我馬上報告：「目前袁處長出國，明天報到不行」，董事長接著說：「你先兩邊兼吧，袁處

長回來後再完全過去」。我不再多說，接受各位副總經理的道賀之後，走出董事長辦公室，陳副總趕上來在走道上對我說：「老余，你要好好的做，要感謝傅先生，本來這次人事變動，沒有考慮到你，只考慮袁石城及王鍾渝兩位，是傅先生建議，讓你試試這個工作，所以老大就同意了」。我即刻答到：「謝謝副總，我會好好做成功的，不會讓傅先生失望」（陳副總是我的直屬長官，也是我的恩師，所以對我有較多一份關注）。我懷著感激及戰戰兢兢的心情回家，吃過晚飯，即刻到書局去找了一本只有五頁，關於進出口名詞及符號說明的小冊子，連夜閱讀，準備第二天早上到採購處報到接事。

第二天早上先到W7生產計劃處辦公室，向W7的同仁說明個人職務即將異動，在袁處長未回來之前，我會兩邊兼任，下午到C1採購處與古處長嘉謨兄接頭，並請教有關採購作業，在約半個月兩處兼管的工作之後，袁處長回來了，我便完全到採購處去上班了。

正式到C1採購處接事的第二週，就碰到一件弊案查核的問題，一位年青的採購師，在辦理安全皮鞋採購時拿回扣，經稽核室及警務處會同查明後，移送法院判刑三年，我好為這位年青人惋惜，另一方面，我找了供應安全皮鞋的廠商負責人來談，首先我問他：「我是剛調來採購處的處長。請問，我們過去是否相識？有無不愉快的事故？」他答道：「過去不認識，也無不愉快的情形發生過」，「好，既如此，我代表公司對貴公司處以拒絕往來處分」我很嚴肅的說，他卻很輕鬆的答道：「沒關係，我換一個公司名稱，照樣可以進來做生意」，「錯了，我要正對的是你個人，你可知道

因你及你的公司，已害得本公司一位年青的採購師判刑三年，犧牲了前途，所以中鋼不僅對貴公司，尤其是對你個人」，他不再講話，立即離開了中鋼大門，從此以後就再也沒有這家公司，及該負責人在中鋼露面了。基於本案的發生第一個月在了解採購處的全盤作業及相關法規，同時傅總經理也提醒我：「老余，調你到採購處，不是要你自己去辦採購案，而是要你去建立採購制度，管理辦法」，所以第二個月在處務會議中，我對採購處全體同仁宣告往後的工作重點：首在嚴格的要求工作紀律，我特別慎重的要求同仁，「要在採購處工作，就要規規矩矩的工作，不要想在這裡賺錢，否則就離開去做生意。如今後仍發現有不法情況發生，絕不寬待，有前車之鑑，希望大家自律，不要一失足成千古恨」，這段話讓同仁知道紀律的重要。

由於發生了採購弊案及總經理指示建立採購制度要求，我必須在短時間內完全了解採購作業及有關法規，所以每天都必須加班到晚上八時以後才下班，斯時我是坐公司交通車上下班，加班到晚上八時，我只能坐計程車或公共汽車轉車回家，到家已快十點鐘了，此一情形總經理得知後，便交待派車單位，由公司派車送我下班，按中鋼用公司車的規定，任何主管申請公司車私用，包括副總經理在內，都需自己付費，而我則每天由公司派車送我下班，可見總經理對我的關注，半個月後，我自認不可長此以往，便盡快的買了一輛二手小轎車，如此便不再用公司車下班，以免與眾不同遭人非議，總經理對我的做法，含笑點頭表示肯定，這雖是一件小事，對我卻非常溫馨感念，銘記在心。

改善工作環境是為配合工作紀律不可缺的要件，過去採購處像市場，連議價室都沒有，檔案隨處放，廠商可任意到每位採購員的辦公桌旁談問題，這都是造成採購弊端的原因，因而我向業務副總經理金戀暉，提出調整採購處辦公室改善要求，做到每一採購組必須配屬一間議價室，以後廠商只能在議價室與採購承辦人談購案，另增設檔案室，將結案檔案集中管理，並另設置樣品間，如此改善了採購處的工作環境，也有利於紀律的要求。

建立採購制度，意在使採購法制化，避免人為疏失，同時亦為避免掣肘，影響辦案的靈活性及效率，經徵得審計部同意採事後稽核，在建立制度方面，首先在建立採購作業程序。任何公司的採購作業程序都是經詢價、審標、決標三步驟進行，中鋼也不例外，作法上則有諸多特殊之處，詢價的對象選擇，無論國內外都以直接製造商為對象；審標分兩段七級授權審定，兩段乃前段先審規格標，後段再審價格標，規格標原則上由承辦人與技術單位會同審訂，不合格者，價格標不審原封退回，而價格標仍然要根據審計部的規定辦理，即六佰萬元以上由審計部派員監督開標，六佰萬元以下則由公司自行決標。決標根據公司董事會授權分為七級，即承辦人授權二十萬元，課長五十萬元，組長壹佰萬元，處長三百萬元，業務副總經理五佰萬元，總經理兩千萬元，超過兩千萬元以上須經董事會審定。決標方式採用公開開標，議價，議比等方式，而較常用旳是議比方式，根據七級授權，承辦人詳記作業過程，呈各授權主管核定，此一方式之決定很少有爭議。決標後，簽約訂購，交貨驗收，特規定驗收完成後二十四工作小時內付款，否則追究責任，這樣的

作業程序，看似並不特別，但確不同於一般公司的做法，贏得供應商一致好評，以致工商企業界，不斷的派員到中鋼來請教採購作業，也令我們感覺得驕傲不已！

接下來便是實施工廠調查，建立廠商基本資料，便於採購案能找到合格優良的廠商；推動國內開發，是為培植國內廠商的供貨能力及商機，同時也減低公司採購成本及縮短供貨時間；簽訂長約在簡化公司數拾萬原物料機器零件採購案件的龐大壓力，包括了人力、時間及成本的考量，所以對大量，經常用料件採用簽訂一至二年的長約方式採購，無論國內、外廠商一律適用。

建立採購制度固然重要，而採購作業的整體觀念更重要。中鋼的採購作業，確實有幾項特色，一、對採購人員賦予絕對的信任，但也嚴格要求採購人員的操守；二、直接找製造廠商交易；三、以合理價格採購優良的設備、原物料；四、採購作業有必要的機動性及彈性；五、限時完成驗收付款手續；六、採事後稽核制。中鋼採購之所以會有這些特色，主要是運用整體採購之邏輯觀念，是把中鋼公司整個看成一個整體的採購單位，人人都是好人，都具有高度的榮譽感與歸屬感，採購流程進行到那裡，那裡的人就會發揮出中鋼精神來。譬如外面有廠商來推薦產品，或中鋼人在外面看到了某一設備或物件，對中鋼可能很有用，雖與本身直接業務無關，但還是會轉介或提供給有關的單位；有任何商情也會反應回來。廠裡面發現需用某一設備或物料，就先調查同類貨品的供應來源，分析成本，計算效益，務求所開出的規範不偏向於某一家的產品，使有多家能參與競標。採購處對於料源的蒐集與掌握，成本資料的統計分

析，廠商實績的評估，都在不斷的進行，俾供詢價與議價的參考。驗收單位秉持公正原則，毋枉毋縱，更不刁難。會計、財務也都能儘速付款。

中鋼的整體採購邏輯觀念、制度，確激起了燦爛的漣漪，國內不下十家大規模公民營企（事）業單位，派員趨訪請教，以資借鏡。甚至連經建會、國防部也都派員專程前來了解，為什麼中鋼採購會令那些廠商如此口服心服。採購作業無論公民營單位，都難免弊病發生，我很幸運的在任職二年零八個月的時間裡，沒有發生任何的不法事件，但卻遭遇到多次的考驗過關，例如：

1. 你知道我是誰嗎？的趣事：民國六十九年（1980）下半年的一天下午已接近下班的時間，兩位約六十多歲的老先生到採購處，用很緩和的口氣說明來意，希望與中鋼做生意，他們有中鋼所需要的原料，鐵礦砂、煤及廢鋼，了解他們的來意後，我很婉轉的將中鋼直接交易政策詳細說明，希望兩位老先生諒解，兩位老先生不斷的強調他們的品質有多好，使用沒問題，以及願與中鋼交易的誠意，我也再三不厭其煩的說明公司的政策規定，欠難接受代理交易，並表示對二位提供的書面資料，願意留下作為參考及可直接向礦商連絡，務請二位諒解，二位老先生不但沒有不悅的表情，反而很興奮且自言自語的說：「耀東講的一點也不錯。」「請問二位老先生是誰？趙部長講些什麼？」我即時問道，他們相互一聲大笑道：「你知道我是誰嗎？」「我不知道，請您明示。」我答道，其中一位即時回答說：「我是趙部長的表妹夫。」哈

哈！三人同時大笑，我邊笑邊說：「您老今天是來考我的了！」「不，我乃是來了解真象，看耀東說的是否是真的，確實我們也想做點中鋼的生意，當然你今天算是考試及格，我們也不為難你，祝你前程遠大。」又是一陣大笑，我以欣慰的心情，親自送這二位老先生進電梯離去。

2. 坦蕩接受稽核室及警務處聯合稽查一百件採購案

查案是很嚴肅的問題，但我都輕鬆帶過，並坦然的接受上級對我的考驗；一天中午約一時三十分，我從第一行政大樓去第二行政大樓，途中碰到佘稽核競成兄，他停下來，很高興，滿臉笑容的對我說：「光亞兄，恭喜你啊！」「恭喜我？何來之喜？」我疑惑的問道，他即刻換了一付很嚴肅的表情道：「余兄，我們是奉命行事，上級指示由警務處配合稽核抽查你一百件採購案，其結果九十九件較中鋼結構便宜，只有一件與中鋼結構同價，每一案件都完全合手續要求，百分之百的OK，可是事先我不能跟你說明，抱歉！」我很坦然的答道：「謝謝了！既是上級指示，你不用在意，該怎麼查就怎麼查，如需我幫忙的，我絕對配合。」我們彼此會心的一笑，各自回到辦公室，我自我檢討，仔細的思考，「誠、信」是做人、做事最基本的原則，若不能守此原則，趙老大還會用我嗎？我也是凡人，很自然的聯想到警務處于處長介紹枕木供應商經廠調不合格，以後我對該商一而再的請于處長介紹的行為，感到不滿，而當著于處長及金執行副總的面大發雷霆的不智之舉，因而引發這次抽查一百件

採購案，因為歷任處長均未發生過這種事情，但事情是已經發生了，卻證明了我做事要求守法守份的原則，是一項正確的決定。

一年後當我奉趙部長之命，調職經濟部加工區管理處長時，于處長正好生病住院，我在赴任的前兩天去醫院探病，我站在病床邊，見他病情不輕，不敢多說話，反倒他很認真的對我說：「老余，恭喜你，這次部長用你，主要不全是因為你中鋼結構做得多麼好，而是你擔任採購處長做得好，才是最重要的原因，……」聽了他這一句話，我很感動，除了一再的感謝他的關心外，我只能說請他多保重身體，好好養病為要，不要多想其他的事，我去加工區報到數日後，即聽到中鋼同仁告訴我于處長過逝的消息，令人不勝噓唏！

因為我做事守法、坦誠、無私，所以在擔任採購處長期間，無論是長官、同學、同事、或達官貴人，均「無人情關說」的困擾，這也是我的幸運吧！

在工作的實戰上，雖然傅總經理說明不是要我自己辦採購案，但也時有不可避免的臨陣上場，處理較為複雜或棘手的案子，例如：

（1）不合理漲價案的處理：

約在民國七十二年（1983）間，一項與銅有關的備品請購案（時間已久，記不得品名。），採購詢價對象為原廠日本公司（已不記得日商名稱），採購處承辦人是余啟川兄。一日下午，啟川兄

拿著卷宗，一臉莫可奈何的神情到我辦公室來報告，「報告處長，本案日本供應商要漲價百分之六十三，要他降百分之十不肯，百分之五也不答應，怎麼辦？」「是原廠嗎？有無其他廠家可供應？」我接口道：「請你將本案內容說一遍，我了解後去談談看」，啟川兄將該案簡要說明，所涉及到的是市場銅價的變化，技術方面僅在如何將銅板與鐵片加工接合在一起。我了解後，與啟川兄一起回到議價室，彼此客套之後，我用聊天的方式與對方談到日幣貶值，日本國內物價指數小幅變動，世界鋼鐵價格平穩，以及英國倫敦世界銅價持平，……等等問題，正談得高興之際，我即時把話題一轉，對該日商業務員說：「根據前面我們所談的問題，貴公司的這項產品沒有可漲價的條件，沒有充份的理由，尤其漲這麼高，完全不合理，我不希望你們日本人賣設備時便宜賣，而從零件備品中加倍賺回去，本案我只能同意漲價百分之十六，是否同意？你自己斟酌辦，我還有西德的朋友在等我談案子，如果你決定了，告訴這位余先生即可。」說完我立刻起立回辦公室，半個小時後，啟川兄來報告，日本人同意了，我點頭示意表示同意與之簽約，此一不合理漲價，一場遊戲式的談話得到了滿意的結果。

（2）不得標廠商誣賴要紅包案的處理：

中心倉庫申請購備份零件，經採購處C13五金材料組研判，應可由國內供應。但該項零件材質較為特殊，非一般工廠皆可供應產製。故承辦同仁查詢台灣省工商名簿找到兩家，其中一家在台中，

便分別發詢價單請該兩家報價，當通知該兩家公司到中鋼議價時，台中的那家公司負責人親自到場議價，議價結果，台中的這家公司未得標，該公司負責人當場表露出一付凶悍表情，指著W6設備處參與議價的同仁說他不公平，有要紅包之嫌，W6同仁氣得滿臉通紅與之大吵，C13承辦人趕快來報告上情，我去議價室，先安撫W6同仁，不要意氣用事，平靜下來，隨後我便向該公司負責人說：「請問，本案是你找中鋼還是中鋼找你？你以前做過中鋼的生意沒有？」他答道：「是中鋼找我，以前沒有做過中鋼的生意。」我又問：「你想不想與中鋼做生意？中鋼的法規，你不清楚，我們可以告訴你。」隨即我將中鋼的採購辦法說給他聽，問他：「你了解了嗎？」他說：「了解了，也很想做中鋼的生意。」我再問：「你看到我們這位同仁向你或別家要紅包了嗎？」，「沒有」他答，「現在你已了解中鋼處理採購程序、辦法，不同於其他單位，你絕不可用對其他單位的眼光、心態用到中鋼，同時你也無十足證據證明要紅包，姑且不與你計較，你馬上向這位先生道歉了事。」我接著說，這位廠商負責人可能是面子問題，還不肯道歉，W6的同仁更火了，我一方面壓抑住他的情緒，同時我說：「你必須道歉，你要知道這是誹謗，你不告中鋼，中鋼也要告你，要你道歉只在化解彼此的誤會。」我在講這幾句話時，非常嚴肅，該負責人見自己理虧，在眾人面前向W6同仁道歉，一場無謂的爭執，總算平和的解決了。

　　我在採購處工作了二年零八個月，工作雖累，卻很愉快、有成就感，此乃因採購處同仁個個優秀，才能兼備，我不是學商的，對

商業實務、理論完全外行，卻因林坤雨副處長的商業專精彌補了我的不足，我們彼此合作無間，凡與商業合約、條款有關者均由林兄處理，而與商業技術有關及作業系統有關者，我來承擔，所以林兄開玩笑的說，我們倆應是中鋼空前絕後的絕配了！各組、課同仁，均能專精務實的完成每一採購案，使中鋼量大又複雜的採購工作得以順利進行。

採購業務的複雜困難度，除同仁的努力之外，長官的支持也十分重要，總經理傅先生全力的支持，至有同仁說我「可以通天」，其實不然，我是以合理有據的向長官提出各項配合支持的要求，例如對採購處的組織，在組之下設課，修改編制的要求，是違背公司在「行政單位不得設課級單位」的規定，業務副總亦不表同意，然而我將此一構想向傅總經理詳細報告，並提出IE部門對採購處每日工作，實況的調查結果，當面報告，又提出美鋼、日本鋼鐵、韓鋼、奧鋼等的採購組織及功能，說明中鋼採購處需要設置課級主管的必要性，傅總經理聽畢後，認為合理，表示同意，並即時批准我的簽呈送人事部門辦理，但行政副總及人事處長都不表同意，只同意在組長下增設副組長，但傅總經理說了：「你們還是沒有解決老余的問題！」因此中鋼全公司只有採購處，在行政單位裡設有課級單位。隨後碰到董事長、總經理的祕書王家芬小姐，笑著對我說：「余處長，你好利害啊！」

除總經理外，業務副總金先生對我真是愛護備至，更是大力支持，當我提出改善工作環境採購處需要使用行政大樓第四層樓整層時，金先生毫不猶豫的同意了，我提出組織調整及新進採購人員

從公司各廠內商調時，金先生完全同意，提出國內開發及廠調辦法時，全無異意，對委外研發案，經查確實研發失敗而簽請付款，亦照樣履行合約等等，金副總都全力支持，甚而還在董事長主持的午餐會報中，一再的提到採購處的優異表現，致有技術部門魏傳曾副總經理當面對我說：「光亞，金副總對你很器重啊！他在董事長主持的午餐會報中已有三次提到你，十分誇講，你要好好的幹啊！」的鼓勵。

在採購處工作漸漸上了軌道，處內同仁正如火如荼的熾熱工作之際，董事長趙老大榮升任經濟部長，全公司同仁莫不為之興奮鼓舞，與有榮焉，老大接部長後三個月，便開始徵調幹部到部屬單位工作，我也被列為徵選的對象之一。民國七十一年（1982）底C3運輸處處長馬仁傑兄，經趙部長召見後回公司，到我辦公室來看我，我以開玩笑的口吻恭喜他高升且領高薪。他笑曰：「老余，你不要挖苦我，下一個就輪到你了！」聽他這麼說，確使我有所警惕。並即時連想到約二個月前，趙部長的顧問，陳世昌先生代表趙部長從台北電傳總經理，說明部長要調我去接工業局副局長。當時我正在傅總經理辦公室，表示不願意，故傅先生於電話中代我說明了家庭變故，不宜遠行。十分鐘後，陳顧問又以接局長相詢，傅總經理毫不遲疑的回答：「不去，就是不去。」我對傅先生果斷的答覆感激不已！

至七十二年（1983）初，人事處長黃政勝從台北回來，對我說：「余兄，老大在問你的近況如何？我看是跑不掉了！」緊接著傅先生找我去他辦公室問我：「老余，最近部長有沒有找你？你知

道經濟部還有什麼單位要人？」三月初，部長辦公室葉貴蘭小姐打電話給我，部長要我上去談談，一聽之下，心知該來的終於來了。我馬上衝到六樓傅總經理辦公室，報告部長召見，傅先生微笑道：「我不能老是不放人，再說老大去做部長，中鋼不支持誰支持？你去吧！」我已沒有話可說了。

「光亞，你去接加工區！」到部長會客室，還來不及坐下，部長就單刀直入的下了命令，接著又問道：「你今年幾歲了？」「四十七歲」我簡單的答，砰！部長猛一掌拍在小圓桌上，嚇了我一跳，隨即道：「你早就該起來了！好好幹，幹得好上去，幹不好下去。」停了一會又道：「我告訴你，任何人都有保障，就只有你沒有保障。」我很嚴謹的答道：「報告部長，我知道，每次你給我任務時都是沒有保障的。」這使我瞬間回想到接中鋼結構廠長時「不成功便成仁」的情景！就在這時，吳次長梅村走進來，趙部長笑說：「梅村，他今年才四十七歲。」吳次長哈哈笑答：「我當年接加工區是四十六歲。」我趕緊接口道：「報告次長，我不能與您相比」三人大笑，趙部長又道：「光亞，你要知道，吳次長把加工區看成是他的Baby，我沒有其他的意見了，你去同吳次長談，他會給你指示。」我隨著吳次長去了！

到吳次長辦公室簡短的寒暄幾句，次長道：「光亞兄，我白天很忙，沒有時間詳細告訴你加工區的事，晚上到我家來詳談。」我準時晚上八點到吳次長公館，在客廳裡，除次長及我外，在坐另有他的長公子吳俊龍兄，他是我的學弟，也是聯勤第六十兵工廠的同事；吳次長詳細的將加工區的建立及發展予以介紹。最後談到加

工區近年來衰退的原因乃在於管理上的嚴重缺失，甚至於要以賣土地還帳，令人痛心！再則小部份高級幹部影響行政業務的推動。所以，就任之後當天下午即作人事變動，否則業務無法推動。我對吳次長這份愛護盛情感激萬分，至於人事變動我謹慎的報告：「報告次長，人事變動，我想先了解後再作決定為宜。」

回到公司立刻將在台北見部長及次長的情形向傅總經理報告，傅先生笑道：「部長說你沒有保障，那是他在激將你，高度的期望你能成功，至於人事變動，你的答覆很正確。」我又問：「報告總經理，一開始就背負了人事的負擔，將來怎麼做是好？」總經理頓了一下道：「老余，我建議你一人赴任，也就是不帶任何人，可減少你以後的人事困擾。」「報告總經理，我也是這麼想。」我答道，最早我原只希望帶一位秘書，即採購處C14的張保華小組，經與次長一席談話後，我便決定一人赴任。在赴任前半個月，一日午餐後從民邦廳出來碰到劉曾适董事長，他笑著對我說：「光亞，你最好還是留在公司」「是的，報告董事長，部長命令，我沒有辦法」我答道，董事長笑笑說：「好吧！你去吧！」到就任的前兩天，部長又電召訓斥希望我聽從次長的人事安排，最後我向部長報告，人事變動仍須先了解後，再作決定為宜。

赴任的前兩週，在中鋼採購處送別聚會中，全處同仁送給我一塊「余輩楷模，光耀鋼莊，亞賽鐵頭」的紀念牌（註：「鐵頭」乃中鋼同仁對趙耀東董事長之尊稱），對我稱讚鼓勵有加，溫馨於懷，銘記此生。於此同時，我收集到一些加工出口區的業務情況，

及相關資料，預先予以了解，以防接任時措手不及，同時我也準備移交事宜，在離情難捨的情況下，我無奈的背負著未來沉重的人事包負，於民國七十二年四月一日（1983.4.1）由新接任的採購處長賴獻玉兄陪同之下，驅車到楠梓經濟部加工出口區管理處就任新職。

第三章

加工區人，生涯再昇華

擔任加工出口區管理處長時的個人照

1990年4月2日辭去加工出口區管理處長時，全處同仁贈「功在加工區」簽名照留念

作者（右）接任加工出口區處長交接典禮

作者接任加工出口區管理處處長宣誓就職留影

陪同俞院長及宏都拉斯總統蒞區訪問

陪同俞院長及宏都拉斯總統蒞區訪問

接待美國勞工聯盟經濟研究處長歐斯華等人

接待立委蒞區巡察

1986年母親節母親榮獲模範母親時接受頒贈紀念品

1987年10月23日與澳洲達爾文市貿易發展區締盟為姊妹區,簽約並合影

1966~1975高雄加工區廠商員工上下班車潮盛況照片

壹、接任新職，創造新氣象

　　民國七十二年四月一日（1983.4.1），星期一早上十時正，由中鋼公司新接任採購處長賴獻玉兄，陪同我到經濟部加工出口區管理處報到。由經濟部吳梅村次長主持交接儀式，儀式簡單隆重，從這時起，我便是「加工區人」了！

　　四月五日是管理處每週一次的固定處務會議，這是我第一次參加處務會議，一方面聽取大家的業務報告，肯定大家工作的績效、貢獻，另一方面根據在報到前一個月所了解到的資料，似乎在處內同仁間有些習慣及作為已形成嚴重的弊病。例如，上班看報喝茶、聊天，將廠商送卷要辦的文件放在一邊，遲到早退是常有的事，更嚴重的是簽完上班到後，出去買菜，打麻將，下班前再回來簽退，接受廠商送禮亦時有發生。然而對廠商的態度頗為傲慢，沒有服務的熱忱。所以，我便利用此一機會讓大家了解，當前最迫切應該要做的工作是「工作紀律」的要求，創造新氣象。

一、嚴格要求工作紀律

　　我用婉轉而嚴肅的語氣向全體主管提出工作紀律的要求，特別說明，要想恢復加工區十年前的盛況、榮景，首在工作績效，而績效要有紀律的維繫才能達成。所以從現在開始，對工作紀律要嚴格的要

求，務請全體同仁遵守，違背者按規定議處。就管理處現有缺點，提出以下數點要求，立即嚴格執行，並請人事處及人二室不定時查核：

1. 準時上下班，簽到改用打卡鐘，上班時間內隨時查勤。

2. 上班時間，不得看與業務無關之書報雜誌。

3. 中午不得提前吃飯休息，下午下班前不能丟下工作去運動。

4. 加強為廠商服務，廠商文卷隨到隨辦，即使下班前一分鐘廠商送件，亦不得拒絕，必要時加班處理，並須改善服務態度。

5. 不接受送禮及不必要之應酬。

這幾項規定自次日起開始要求實施，絕大部份平時守紀守法的同仁欣表贊同，而小部份受到限制的同仁則表現反彈。二、三個月後，絕大部份同仁都能得到共識，培養成良好的工作習慣，表現出工作績效，因而受到廠商良好的評語反應。少部份一時不能適應的同仁，情緒不滿反彈以習慣性告狀的手法，向立法院某蘇姓無黨藉委員告狀。對我五點紀律的規定，認為是不做正事，只管這些瑣碎的小事。甚而對我到工廠訪問說成根本不了解加工區，不懂工業，臨時到工廠學習，現學現賣等等。蘇委員以此大做文章並鉛印成宣傳單相當數量到管理處散發。好在處內同仁，各級主管皆明大義，自動收繳到人（二）室，尤其各級主管對某委員之舉多表不能苟同，認為扭曲事實，故意中傷。此事發生之後，人（二）室主動了解調查何人惡意中傷，而我初接任斯職，全心投入，卻遭中傷，難免內心不平。當天下班後我一人留在辦公仔細檢討而求得因應之道，乃決定完全不加理會，正常上班作業，並交待人（二）室未得到我的允許，不得做任何調查。此乃以靜制動，有趣的是在立法院

碰到蘇委員，我若無其事，照常與他打招呼，倒是看到他不自然的臉部表情可笑。

此案約二個月後，行政院馬政務委員紀壯電話召見。他是中鋼的老董事長，我的老長官，非常愛護我，進到他辦公室坐下後，便問道：「光亞，你是不是打卡打出來的？」「報告董事長，是的，我是打卡打出來的，中鋼處長級以下人員都要打卡，我剛進公司是工程師所以要打卡。」我即時答道，他老人家又說：「那打卡有什麼不對？任何單位都要有工作紀律，你沒有錯，該做的就去做。」頓了一下又道：「這個案要查，對故意歪曲事實的人要嚴辦。」我趕緊答道：「報告董事長，這件事我已經解決了！」「你怎麼解決的？」他老人家問，我說：「採以靜制動的方式，因為處內小部份同仁只是為了出氣，給我製造困擾而已。而某委員則不同，他在找題目做文章，用心不一樣，所以我交待人（二）不准查，處內作業一切正常，就當沒發生過這件事。如此，某委員就起不了作用了，此案自然消失。」他老人家點頭道：「很好，以後該做的就要做，不要怕困擾。」「是！」我答道，這件不愉快的事故，在我淡化處理後，管理處的業務便蒸蒸日上，大有進步，頗值得安慰！

二、調整高階工作職能，設置功能小組

除了要求工作紀律外，我又發現高階主管工作空閒的時間太多，尤其是專門委員，每日幾乎無工作可做，每天都在看書報、閒聊，或練習寫毛筆字等，但處內工作因三區分處各地，一些業務未

能做到統一作業標準，總處的統一指揮管理發現鬆散，分處則呈現各自為政的狀況，同時總處編制與分處編制相同，為二級制運作，所以各分處公文呈到總處時便直接到處長，或副處長室處理，缺少中間參謀作業單位多所不便，因而我即時構想如何加重專門委員的工作任務，作為處長與分處間參謀作業的中間主管，但根據政府行政組織法，只能以任務編組的方式執行，即主管要以任務交待的方式重用專門委員，此任務編組定名為「功能小組」，由處長指定的專門委員擔任小組長。此一構想在我第一次參加經濟部部務會議時向趙部長提出，部長在會中即時問部人事處長修改編制之可能性如何？答案是否定的，因為修改編制費時太久，要經過立法院通過機會不大，而代替方案，部人事處長表示可以用主管交辦事項處理。部長立刻裁決同意代替方案，並列入會議記錄代替部令執行。

民國七十二年七月（1983.7）開始設置功能小組，共設置了三組。第一功能小組由王專門委員季文兄擔任組長，主管三區投資科（課）及外貿科（課）業務。第二功能小組由陳專門委員偉亞兄擔任組長，主管三區工商科（課）及勞工科（課）業務。第三功能小組由張專門委員先文兄擔任組長，主管三區財務科（課）及作業單位業務；管理處每週五開處務會議一次，效果不甚理想，且會議次數太多，故由每週一次改為兩週一次。功能小組成立後，再改為一月一次。在每月的最後一週，星期五早上九時開會，其它各週的星期五，分配給三個功能小組，各組開會一次，專門討論該組業務範圍內專業性的問題。如此三區做法，命令執行，都可藉功能小組達到統一步調，效果良好。處務會議時，各組再將該組的問題提出報

告，需上級支援解決者，由上級決定。而其正常作業督導完全交功能小組長處理，包括公文處理在內，此一方案之執行，不但解決管理處行政體制上的缺點，而且提高了工作績效。三區各科（課）室主管都參與了「功能」的發揮，對三區廠商的服務得以統一標準。減少諸多廠商不平衡的情緒，對日後加工區設置管理條例修法的工作亦貢獻頗大。

因工作紀律的改善及高階職能的調整，使加工出口區管理處的聲譽為之大振，普遍受到區內廠商的好評，這一股新氣象的表現，也震驚了新聞界，榮獲嘉許，鼓勵有加，謹轉錄民國七十二年六月八日（1983.6.8）台灣時報記者葉福榮先生特稿報導，標題：「少應酬多做事，服務廠商；訂紀律明賞罰，興利除弊」，其文字內容如下：

少應酬多做事，服務廠商
訂紀律明賞罰，興利除弊
余光亞接長加工區管理處將有一番作為

「少應酬、多做事。」新任經濟部加工出口區管理處處長余光亞，這些日子以來，除了自己奉行這句話之外，並要求管理處員工必須遵守這項「工作紀律」。

四十七歲的余光亞，由於出眾的才華與卓越的表現受到經濟部長趙耀東的賞識，二個多月前，從中鋼公司採購處處長被擢升為加工出口區管理處處長。

從來沒有接觸過加工區業務，余光亞自稱是「加工區的新兵」，他曾謙虛地表示，希望在三個月內受完「新兵訓練。」

事實上，在不到兩個月的時間內，年輕的余光亞憑著他的努力，不斷地與廠商，管理處員工、工廠工人代表接觸，同時還拼命地參閱有關書籍與法令，短時間內，他對加工區的業務有了相當的了解。

　　他說，加工出口區目前最迫切要做好的工作是一服務。是對廠商提供滿意的服務。不過，他強調這項服務必須要合法、合理，不能非法也不能偷雞摸狗。

　　因此，自他到任後不久，即一再告訴管理處的員工，要工作熱忱，要建立起工作紀律。並在工作會報中明白指出，主管對於同仁要信賞必罰，就事論事，不要怕得罪人，該罰則罰，該獎則獎，不要只做「好人」。

　　對於人事作業相當了解的余光亞也特別在會報中指出，今後管理處人事考績，必須以「實際績效」做依據，以往如有以「年資」或「排隊式」做考績的，一定要取銷。

　　為了要建立起「工作紀律」，余光亞一再指示全體員工「少應酬，多做事，也希望外界不要干擾他們。」

　　這些日子來，余光亞發現，不只國外對加工區缺乏了解，國內各界對加工區的了解也不夠，更嚴重的連管理處的員工，有些人對加工區的了解也不怎麼深入。余光亞認為這個問題相當嚴重，因此他加快了這方面的腳步。是能做的，余處長都盡快的做了。他先後到三個管理處分別對員工說明政府何以設立加工區，何以要設管理處，並要員工了解自己的工作職責。

在促進國內外了解加工區方面，余光亞表示，已指示員工著手整理歷年來的資料，將在適當時機向有關單位首長、工商界人士做簡報，除了供給各種書面資料外，還將加工區的各種資料做成影片，免費送給他們，並經常與這些外賓保持連繫。

此外，余光亞還發現管理處與廠商之間的相互認識，溝通不夠，這在執行政策方面多少會發生障礙。他希望今後能透過理性的歷程而彼此認同，而不是純利害關係的溝通。他說，管理處在處理「利」的問題上有三大原則，三者缺一不可，那就是：以國家利益為重、廠商利潤不能缺乏、勞工福利必須考慮。

余光亞相信在這「三利」均衡的情況之下，加工區的前途仍未可限量。有人認為加工區是「夕陽工業」，余光亞對此不表贊同。他說，十六年來加工區在國內經濟發展上扮演著舉足輕重的角色，以後的日子也將不會有大改變。他表示，在今年一至五月加工區的投資案即達三十三件，資本額高達七百五十多萬美元，顯示廠商對我們有了信心，難道我們對自己還沒有信心？

事實上，不只余光亞對加工區的未來充滿信心，管理處的員工對加工區也充滿信心。不過，加工區的未來是否美好，仍有待大家的共同努力。

余光亞強調：「天助需要人助，而人助更需要自助。」加工區未來的發展，除了管理處需要努力與自律之外，廠商自助、自律也相當重要。

加工區管理處長余光亞說，加工區最迫切要做好的工作是服務、合法合理的服務。

參加區內廠商新廠房落成典禮致賀詞

1984年12月2日加工出口區運動大會
區內廠商運動員集合參加開幕典禮

1984年12月2日主持台灣加工出口區
第二屆運動大會

1983年9月24日全國行政業績特優，
接受孫院長頒獎

1984年12月2日加工出
口區運動大會會旗進場

1983年9月24日接受孫院長頒獎，各
受獎單位與孫院長合影留念

貳、提振士氣，加強服務

　　在我到加工出口區管理處接事的前一週，經濟部的直屬主管吳梅村次長，已對我講述了加工出口區的發展經過，當前的困境所在，及建議在交接就職後即時作人事處理，尤其談到當時的困境，乃人謀不臧所致，甚而嚴斥現任處長的各項缺失，以至要以賣土地發薪資及還銀行借款，斥之為敗家子！待我於民國七十二年四月一日（1983.4.1）接任管理處長後，再實地深入的了解，次長所言甚是，此亦為我往後主持加工出口區的借鏡。

　　對處內工作紀律的要求，及高階職能的調整，確實收到立桿見影的效果，得到廠商及處內同仁的肯定，但是整個加工出口區的士氣仍有待提升，因為過去數年中，區內廠商對管理處相當失望，其失望的程度到難以想像的地步，在我完成交接就職後的第二週，便有曾住在同一個眷村的老友羅兄來看我，羅兄時任加工出口區某著名外商的總經理，他問我：「你為什麼到加工區來？你知道嗎？這裡是良家婦女不會來，就連妓女也不願意來的地方，你來做什麼？有何發展？」次月我去工業局拜訪徐國安局長及該局電子組宋鐵民組長，宋組長是我的學長，用很關心的語氣對我說：「你為什麼要到加工區？那是沒有前途的單位，你應該到工業局才對」，對羅兄與宋學長的關心盛意，我領受感激在心，既來之則安之，我下定決心要扭轉這個逆境。

「提振士氣，加強服務」這是我認為扭轉逆境的最佳良方，而在執行面應從溝通，了解而後加強對廠商的服務，同時也要改善增進加工出口區數萬人彼此間的交流情誼，及情緒鼓舞，因此我採取了以下的方案積極進行。

一、工廠訪問，強調三利原則

加工區二百八十多家廠商，二十多種不同的行業，就管理處的書面資料，想要在短時間內全部了解，是不可能的事情。更而得知在過去數年間，廠商與管理處之間已劃下了一道很深的鴻溝，要想改善此一處境，直接的工廠訪問，應該是與廠商溝通相互了解的最佳途徑。

工廠訪問開始，每週約訪問二至四家，視時間許可而定。每月將訪問記錄打印裝訂成冊，一方面發給各有關業務單位對廠商所提問題改進處理，另一方面呈報經濟部吳次長供作參考；訪問必要時，亦會通知海關、儲運中心等單位派員同行，以便即時答覆有關的問題；二百多家廠商用了整整一年的時間全部訪問完畢。所得到的收穫非常之大，最大的效益，在拉近了廠商與管理處之間的距離，產生了互動的親和力，雙向交通的管道，促進了加工區業務的再成長。

每次廠商訪問，我都維持一定的主題，第一主題是宣示管理處對加工區經營發展的政策，諸如要求廠商提高生產力、自製率，增加或加強研究發展，提升品質，改善工作環境，合理的員工福利

及待遇，加強環保處理。另一方面說明管理處工作改進項目，目的事業工作配合改進項目等等，使廠商對管理處業務有明確的了解，利於業務推動。第二主題是請廠商毫不保留的提意見或要求，我本人或隨行單位主管能答覆者，當時說明：不能答覆者帶回研究或轉呈上級各主管單位參考研討，而後再以書面答覆。第三主題是現場參觀，一則可藉機會慰問員工辛勞，表達關懷之意，另一方面可實地了解設備及產品品級作為對廠商要求產品，技術升級的依據；除這三大主題外，更重要者在面對各廠商負責人倡導加工區經營基本理念，即三利原則一國家的利益、廠商的利潤、員工的福利，三者缺一不可。這三利原則，也可說是加工區的企業文化，意義深遠流長。因為這樣直接的訪問，與廠商負責人直接的交流，可以得到廠商對管理處服務真誠的肯定及親和力。

二、推動區內公會、工聯會及廠商代表座談會

1. 個別廠商訪問，在了解個別廠商的問題，而產業工業同業公會（簡稱公會）及產業工會聯合會（簡稱工聯會）及廠商代表座談會，是在了解勞，資各方共同的問題，所以便擇期邀請八大公會的理事長，總幹事（八大公會為電器公會、製衣公會、金屬公會、家俱及工藝品公會、假髮公會、針織及編織公會、皮革公會、化學公會，現因區內產業結構改變，八大公會合併為五大公會，即電器，製衣、金屬、塑膠等四公會，另將其他公會合併成綜合工業同業公會，共計五大公會）。首先邀請八大同業公會舉行座談會，討

論加工區內的共同問題，最重要的問題在加工出口區管理條例的合適性，海關作業與時代需求的落差，儲運業務的配合度，勞基法的困擾，環保要求與政府措施不相配合的爭議……等，歸納而言就是投資環境的問題，將這些問題均列入會議記錄，對與管理處及區內目的事業單位有關可以即時解決的，根據會議記錄要求各單位即時改進，而與政府政策及跨部會的問題，呈報經濟部轉各單位研究改進，並將執行結果分送八大公會知悉。

2. 產業工會聯合會，由各公司的工會聯合組成，工會理事長由工會聯合會選舉產生，我亦同樣的擇日邀請工聯會理事長、總幹事及各公司工會代表舉行座談會，所談的內容，多偏重在勞工福利，教育訓練，娛樂活動，反應工作環境，加班的問題，勞資糾紛……等，將各問題列入會議記錄，除當場答復外，對可能執行，改善者即時交待管理處參與會議的主管執行、改善，而需要資金配合者，另列專案在勞工行政項目下編列預算執行，為了配合會議所提要求，對具體執行的項目，謹列舉如下：

(1) 責成從業人員服務中心規劃每年各區員工娛樂活動節目。

(2) 勞資糾紛，由勞工科及從業人員服務中心，配合協助勞工與資方溝通，以法，理、情三方面兼顧為目標，並在三區分設勞工協調室。

(3) 在三區設置勞工平價中心，附設文化走廊。

(4) 在楠梓及台中兩區設置室內運動活動中心。

(5) 加強三區女子宿舍的安全管理。

(6) 舉辦第二屆加工出口區運動大會。

(7) 加強婦聯會工作。

(8) 鼓勵區內員工投稿加工區區刊，促進文藝活動。

(9) 改善三區餐廳設施及飲食品質。

(10)改進三區保健服務及醫療水準。

(11)規劃三區員工教育訓練，各公司專業技術，訓練由各公司自辦，管理處舉辦較有創意性者，例如邀請中山大學到區內講解財務管理，以增進區內各公司財務運作能力。

(12)與高雄市政府合建勞工住宅三二〇戶。

(13)在楠梓區建電器公會辦公樓，供八大公會共同使用及在分處設置工會辦公室。

(14)與電視台合辦娛樂節目，例如在楠梓巨內舉辦「我愛紅娘」節目，及與救國團合辦各項娛樂性節目。

這些措施的推行，得到區內員工的歡迎，對員工的士氣有頗大的鼓舞作用，有助於公司工作的推動，積極性，提高士氣，因而也得到公司負責人的認同。

接事後的第二年（民國七十三年、1984），整個加工出口區的士氣大振，成效彪炳，全區民國七十三年（1984）總出口金額達到二十億三千多萬美元，創歷年新高，傲視全球，新聞爭相報導，以致於民國七十四年二月十三日（1985.2.13），美僑商會在台北圓山飯店舉行每年一次的「謝年飯」酒會及餐會時，碰到行政院李國鼎政務委員，他舉起酒杯向我敬酒並道：「加工區又復活了！加工區又復活了！恭喜你，請你明天早上十點半到我辦公室」，我忙答道：「是，謝謝李政委！」

次日早上十時三十分準時到達行政院李政委辦公室，一跨進辦公室大門，李政委馬上迎接握手，又說：「余處長，加工區又復活了！請坐。」坐定之後，他老人家將加工區過去建區歷史簡要的說明，隨後談到過去幾年，加工區業績幾乎停頓，而最近看到新聞報導加工區又有起色，業績大有進步，非常之高興。此時我立即將準備妥之書面資料呈給他老人家過目，並簡要說明業務推動目標，及預定未來發展方向，特別強調當前最重要的工作是嚴格整頓工作紀律，加強對廠商的服務，及吸引新的投資案件，他老人家點頭表示同意，並對加工區提出五項指示：

(1) 要簡化手續，做到自由化作業。

(2) 速建第四加工區，比照台中區面積大小，不要太大。

(3) 查全世界有多少國家，全年總出口金額未超過二十億美元。

　　（加工區民國七十三年出口總額達二十億三仟多萬美元）

(4) 管理處組織型態宜按財產法人，或國營事業方向研究。

(5) 行政管理人員（如人事、會計、事務、秘書等）應保持在百分之二十以內。

最後補充一句：「今後加工區有任何問題，可直接向我報告。」

我於民國七十二年四月一日（1983.4.1）接任處長時，正是加工區低潮期，至民國七十二（1983）年底，經過九個月的努力，區內一切景象已有起色，但朝氣尚不夠澎勃，為了繼續提振鼓舞士氣，舉辦運動大會應是最佳的方法，遂於民國七十三年（1984）初，召集副處長、主任秘書，從服中心主任等高級幹部會商，希望

在民國七十三年（1984）區慶前舉辦運動大會，查管理處於民國六十二年十二月二日（1973.12.2）舉辦過第一屆加工出口區運動大會，這次舉辦為第二屆運動大會，並決定由主任秘書督導從服中心規劃，其他各單位配合協辦。經不斷的協商研討，終於準備就緒，於民國七十三年十二月二日（1984.12.2），在高雄縣運動場十分轟動的舉行「加工出口區從業員工第二屆運動大會」。

決定在十二月二日舉辦運動會乃因次日是加工區區慶，以咨慶祝。再則台灣省七十三年（1984）區運會在高雄縣舉辦閉幕不久，場地設備可完全借用，同時區運會全體裁判人員尚未解散，請其協助，得到很多的方便；節目安排頗費周章，惟把握一項基本原則，即兼具「體育性及趣味性」為目的。因為這項運動會不是專業性的；節目分兩階段進行，第一階段為開幕式的節目。除按一般開幕節目安排外，並特別安排國軍神龍小組的跳傘，樹德家商的排字，三信高商的大會操、操槍，鼓號樂隊等表演，以及高雄市救國團的帶動唱；第二階段為競賽及首長（含廠商經理級以上主管）競走等；聖火傳遞是非常嚴肅的項目，於十二月一日早上九時正，在楠梓加工區先總統　蔣公銅像前，由我本人點燃聖火，傳交給楠梓區聖火選手，中國國際商銀林攜江經理，帶領聖火隊繞楠梓區一周傳至高雄加工區，同樣亦在高雄加工區繞區一周，再用專車經高速公路傳遞到台中加工區，在台中區繞區一周後再經高速公路於當晚回到楠梓區夜宿蔣公銅像前，次日即十二月二日清晨七時，再由楠梓區聖火隊經高雄市至高雄縣進入大會場。最後由梁義文總經理、侯彩鳳常務理事，持聖火交叉進場繞大會場一周，至聖火台點燃聖火

而揭開運動大會序幕；大會之所以選梁義文及侯彩鳳持聖火進場點燃聖火，乃因他二人所代表者有三重意義，其一梁員代表資方，侯員代表勞方，以示勞資合作，其二，兩人分別代表男性員工及女性員工，其三，梁員為公會代表，而侯員為工聯會代表，表示兩公、工會合作無間，由此可知此項人選意義深長！

大會由我本人主持，參加的單位有管理處、分處、區內目的事業單位及三區廠商共九十七個單位，一○五八八位選手，而可容納三萬多人的看台全部滿座，司令台貴賓除各單位首長外，特邀請到高雄縣蔡明耀縣長，高雄市盧光普秘書長，生產事業黨部尹竑書記長等貴賓。尤其蔡縣長及盧秘書長的致詞對大會讚美有加，稱讚其場面、規模不亞於台灣省區運會；競賽節目中，部份首長帶頭參加，十分認真而致多人跌倒後爬起來再跑，精神感人，士氣高昂，激起了加工區員工熱情的高潮大團結，實令人興奮不已！

3. 廠商代表座談會，是管理處每年必定要舉辦的重要會議，高雄區及台中區分別由該兩區的分處長主持，但我為深入與廠商有直接溝通了解的機會，三區的是項座談會，我都會盡量的參加，尤其本會不同於公會座談會者，本座談會參加的人員多為各公司的老闆或經營負責者，層級較高，所提問題多涉及加工出口區經營的政策性問題，或經營有關的法令，政府政策，最常見的為加工出口區的優惠政策，執行面的如空運存倉二十四小時的政策改進，勞基法限制加班對商機的影響……等問題，這些政策性、法規性的問題，多與中央主管單位有關，須呈案溝通，以求解決，例如，勞基法限

制加班的問題，約在七十四年（1985），勞委會新任主任委員，趙守博主委打電話約我見面，談加工區勞工問題時，我不避諱坦誠的向趙主委報告：「報告主委，對勞工加班的問題，我在做違法的事」，「你違什麼法」趙主委忙問道，我很坦白的答道：「勞基法所規定的加班小時，勞資雙方都不滿意，勞工希望多加班幾小時，多一點收入，而老闆更希望加班趕工生產交貨，而勞基法限定的加班時數造成雙方不便，怨聲載道，所以我只好一肩扛起，同意他們加班，但有一先決條件，即不得造成工廠意外事故發生，任何意外事故發生，公司都要負起責任，這就是我在違法的所在」，趙主委聽畢，沒有再說一句話。

又如空運交運前貨物要存倉二十四小時，以確保飛行安全，這項因時空關係所訂定的飛安規定，對高科技發達的今日，已無多大的意義，反而造成商機的損失，如此廠商不斷反應不便，管理處也不斷的向中央反應要求改善，甚而行政院院長將此案交李國鼎政務委員，主持開會研討也得不到解決，最後還是由我本人與警總承辦單位，經濟部投資業務處多次會研，先從加工出口區在區內海關監督封櫃開始計時二十四小時，到貨櫃送到機場只需再存倉約十二至十六小時便可裝機運走了，此辦法執行了一年多後便完全廢除存倉二十四小時的規定。

另值得一提的是外匯管制開放的經過。民國七十五年二月十六日（1986.2.16）於經建會所舉行之委員會中，將增設第四加工出口區案擱置，而提出「經濟部加工出口區亟待改進之十二項問題」，其內容概略如下：

(1) 區內工業所享之租稅優惠與區外事業差異不大，不足以吸引投資。

(2) 區內貨品課稅內銷之審核規定過嚴。

(3) 外匯進出手續，不符自由化、國際化之原則。

(4) 出口空運貨物須安全存倉二十四小時，影響交貨時效。

(5) 區內公共設施建設費，須由投資人負擔，影響投資意願。

(6) 區內限制設立服務業，致常無法獲得高品質之服務支援。

(7) 行政手續宜再檢討簡化，縮短作業時間。

(8) 駐區海關非隸屬加工區管理處，致事權不統一。

(9) 加工出口區之地價常有調整，加重業者負擔。

(10) 出入境申請手續繁複，無法因應商務之需。

(11) 區內事業機器設備輸往課稅區限制過嚴，影響汰舊換新。

(12) 區內事業廢棄物處理問題亟待改善。

　　這十二項問題由經濟部轉管理處研究，一日我往經建會去看王副主任委員召明，副主委問我對這十二項問題管理處的看法，我很坦誠的向副主委報告，部份問題與其他單位有關，須經濟部出面，甚而須經建會協助協調研討定案，而比較困難的在「空運貨物出口必須存倉二十四小時，及簡化行政手續，縮短作業時間」這兩個問題上；存倉二十四小時後來按上段所述予以解決；「簡化行政手續，縮短作業時間」，當時我對王副主委報告可以用（合署辦公）的方式解決，即管理處（或各分處）外貿科（課），儲運中心（各儲運所）及駐區海關聯合在同一間大辦公室辦公，王副主委即時表示同意，他並同時提到開放外匯政策，也可先從加工區試辦，如果

試辦得好，便可全面開放，我也表示贊成。

　　經建會於民國七十六年元月六日（1987.1.6）邀請經濟部，財政部、內政部、外交部、中央銀行等有關部會商討這十二項問題，我與張先文主秘亦出席，答詢有關問題，於民國七十六年二月十八日（1987.2.18）經建會第四〇一次委員會中討論獲致結論，其中關於外匯管制開放的問題結論為：「外匯管制以加工區作為試辦外匯自由化地區，准予區內廠商外匯收入百分之十自由運用，如效果良好請中央銀行修法。」

　　外匯開放在加工出口區試行不到三個月，中央銀行便完全開放現行的辦法，此一經過，可見加工出口區對國家外匯政策的改革推動，也有一份貢獻。

1983年12月至日本慰問台灣加能公司駐日之受訓人員

外商來區投資洽談

經濟部趙耀東部長到高雄區分處視察並聽取分處長業務報告

與加工區模範勞工合影留念

訪問區內投資之日本母公司

經濟部趙耀東部長（前排左一）到高雄區分處視察後與處內幹部合影

余處長視察儲運中心作業

參、改善體質，永續經營

要改進加工出口區頹廢現況使之振作圖強，改善體質是徹底的做法，以促進事半功倍的效果，經二個多月全盤深入的了解，有待改進的項目很多，故我依其嚴重性，排定緩急先後次序，逐一著手檢討及推動執行。

一、儲運中心營運改善案

首先，最急迫要檢討改進的就是儲運中心營運的改善，該中心在我接事之前即已發生蒙騰公司走私案，經濟部趙耀東部長交待接任後即時展開調查法辦。另一方面，儲運中心的營運收入，佔了作業基金的百分之四○至百分之四十五的比例，為管理處兩大收入之一（另一大收入為向區內廠商收取最高千分之三為限的管理費），是管理處維持營運的重大收入，但該中心服務欠佳，廠商不滿意，士氣低落，時有事故發生，而且善於黑函告狀，工作紀律廢弛，自然影響營運收入。

蒙騰走私案，由管理處人（二）室配合檢調單位查案，受到牽連被調查的單位，有高雄分處的外貿課，高雄區駐區海關，高雄區儲運所及走私的蒙騰公司，此案甚為複雜，調查不易，頗費時日，我個人對此案所持處理態度，一方面由調查單位繼續查，另方面防

止走私再度發生是為重點，所以我採取了以下措施防杜之：

1. 三區安全防護工作統一指揮，任何一區發生事故，無論那一單位首先得知，均須立即向管理處人（二）室值勤中心報告，接受統一指揮處理。

2. 加強佈建，以防不法活動，由海關、警察隊各自辦理。

3. 防止走私雖是海關責任，但海關人力不足是事實。為彌補缺失，同意警察隊做第二道防線功能，一旦抓到走私不法，送回海關處理，海關與警察隊密切配合。尤其對某些特定對象加強防範。

4. 改進提櫃作業手續，即將儲運中心各駕駛同仁的簽字卡，及儲運領櫃專用章印件卡，分送高雄港、基隆港、中正機場等單位海關留存核對。領櫃時，領櫃單必須具備兩項證明無誤，海關方可發櫃放行。

5. 儲運中心派車提送貨櫃時，管制室核算車程時間與各碼頭連絡站連絡追縱，並由人（二）室不定時派員在路途中抽查。

這五項規定嚴格執行，自此以後便不再發生貨櫃走私事件了。嚴格言之，這五項規定，成功的防止了嚴重走私的途徑，更防止了萬一有不法之徒利用加工區途徑走私槍支或毒品，將無法向國人交待。

復於民國七十六年間（1987），一次在三區儲運單位、各港口連絡站、管理處及分處共裝置了傳真機十台之多，其目的在為增加儲運中心連絡時效，及保留憑證無誤之用。按當時國內使用傳真機尚不普遍。

接下來儲運中心改進的議題，定為「提高儲運作業生產力，規定儲運三原則」，三區工廠訪問，要求各廠商負責人提高生產力的同時，也深入了解並要求處內作業單位--儲運中心亦應提高生產力，按儲運中心的編制，三區儲運所，及中心本部總人數為四百四十人，實際約三百八十人，作業標準，報部核備每人每月四百五十公噸搬運量。而每月實績亦近似此數，又按年度收入與支出，人事費用在百分之三十以上，（每年成長幾達百分之六十），又按加工區每月儲運總噸數中，儲運中心自行擔任運輸的能力約為百分之六十五，另百分之三十五皆以外僱車擔任運輸工作，因此對中心收入產生不利影響，甚而影響生存空間。面對此嚴重問題，如何提高儲運生產力，減少外僱車，增加自運能力，使能增加收入，是為當務之急。

　　視察三區儲運所，高雄所、楠梓所平均每人每月搬運量，略低於四百五十公噸，但搬運量佔全加工區總數的百分之八十以上。而台中所每人每月搬運量高達九百五十公噸，然而貨量不及總量的百分之二十，故對三區總平均值影響不大。然而高、楠兩所績效為何較台中所差那麼多？深究其原因，台中所在萬所長文傑兄領導下，人員士氣、工作精神、工作方法均較高、楠兩所為優，因而我要求高、楠兩所所長帶領主要幹部到台中所見學，將所了解到的工作方法，管理要領帶回而後比照辦理。很快，兩個月的時間高、楠兩所的搬運量，每人每月亦達到九百公噸以上，是為一大進步。

　　提高搬運量還不夠，如何減少外僱車，使儲運中心的車櫃能更發揮其功效，則必須在管理上能有效掌握。經多次與汪副處長桂生

兄、張主任秘書先文兄及儲運中心陳主任憲崑兄研討，最後於民國七十二年十二月二十二日（1983.12.22）我向陳主任下了儲運作業三原則的指示。

1. 統一指揮與調派（對三區而言）。

2. 分區計績，注重三區整體利益。

3. 三區運輸應掌握黃金路線。

這三項原則的含意在有效而彈性的使用三區車櫃，不致有呆滯現象，因而可減少外僱車，又為顧及三區效益，那一區的車櫃負責拖運則業績便算在那一區，可防止本位主義，不合作的現象。特別要求三所主管要有整體利益的觀念，而黃金路線即單價收益較高的路線，應予掌握，不能輕易放過，如此儲運中心的收益將自然的提高，績效增加。有了這三原則，實際的做法又將如何？能確實辦到嗎？對此細節問題，交由管理處作業科與儲運中心有關同仁研討後，遂於民國七十三年三月九日（1984.3.9）以處函該中心，其所核定之運輸作業細則如下：

1. 配置各區車輛，由各區接受各該區廠商申請，自行調派（進出區）。但車輛動態應隨時通報管制室，並告知發車時間，登記列表。

2. 各區車輛不足時，應向管制室申請調派支援。若管制室無車可支援時，或支援不經濟時，由管制室通知需要單位自行外僱，如此時中心車有返回待命時，應立即電話協調外僱車行免派，並做成電話記錄，如已派出，則仍維持外僱。

3. 各區配置之車輛，均應以黃金路線之掌握為第一優先。若有

特殊緊急服務狀況時，應以服務為優先，並列入派車記錄。

4.每日各區車輛調度，駕駛人員，出勤情形（包括中心車、外僱車、自僱車）由各區列表統計，管制室應做三區日報，月報表（月報表報處）以備查核，表格另訂發。

5.支援車支援某區時，其營運之噸位、收益、車次、人員出勤率等績效均計在派車單位（指配置車輛單位）。

　　儲運中心收到此函後，即時函轉三區各所遵照執行。因而自七十三年三月（1984.3）以後，儲運中心儲運量大幅成長，每月收益也不斷提高，突顯績效成長，然而中心總人數並未增加，故同仁莫不欣慰和驕傲。

二、積極推動「吸引外來投資」

　　第二項迫切需要改進的工作是「吸引外來投資」，這項工作，過去數年，管理處幾乎停頓主動對外吸引外商來投資，都是在等待投資人自動上門，然而成功的吸引投資，才能使加工出口區永續經營，所以在我尚未就任的前一週，經濟部吳梅村次長已特別交待要極積推動此項業務，我因了解管理處的作業狀況後，更是迫不及待的要展開行動。

　　首先研討了解外來投資的來源所在，以美國及日本為大宗，早期香港、澳門來投資者較多，但十年之後，已大量減少，而國內到加工區來投資者偶而有之，不多，歐洲除曾有一家英國凱音電子公司在楠梓加工區內投資設廠及荷蘭菲律普電子公司在高雄加工區

投資設廠外，就再沒有別家了，所以對外吸引投資的對象，便以美國及日本為目標；而吸引投資的產業以科技產業為主，如電子、光學、精密機械等。

對外吸引投資的工作，多由我自己主導，每次到日本吸引投資，必然會由工商科懂日文的李水火科長同行，而到美國則由英文頗佳的王季文專門委員同行，同行的目的，一方面是語文的協助，再則是在訪問投資人時有關法令業務的解答，三則培養主管國外事務獨立作業的能力，此項做法確實收到實效；除了在美、日兩國個別廠商的拜訪外，也參加經濟部所主辦的海外投資說明會，例如民國七十三年五月十四日至二十七日（1984.5.14~27）為期兩週的「經濟部投資促進團訪日座談會」，由吳梅村次長帶隊赴日主持，加工出口區由我率李水火科長參加隨行，本次座談會對加工區往後在日本吸引投資頗有幫助；在吸引投資做法上，誠信的表達及積極的跟追更為重要，例如：

1.爭取日月光半導體製造股份有限公司來區投資

民國七十二年（1983）年底某一日，因公到台北開會，會前先到投資業務處去看處長黎昌意兄。其目的是看看有無投資案可以爭取，一跨進昌意兄辦公室，昌意很興奮的道：「光亞兄，你來得正好，我來為你介紹，這位是留美學人Jason張，準備到科學園區投資，其實加工區的環境也可以投資……」，我與Jason握手致意後，立刻將加工區的情形作一口頭簡報，特別強調了加工區年代已久，一切均已制度化，尤其是一元化（one stop service）的服務，

使區內廠商方便備至，Jason聽後，頗為動容，希望能親自到區內觀察了解。但適逢當天是星期六，只上半天班，我即時表示週末沒有關係，並馬上安排打電話回辦公室請公關室趙主任宗鈞兄及有關人員留下做簡報。至於我十點鐘的會議則請台北聯絡處的馬主任方震兄代表出席，我則陪Jason即時搭乘中華航空公司十一點多的飛機南下到楠梓加工區，昌意兄還開我的玩笑說：「Jason，你看余處長多積極，馬上辦，包你滿意」，到達楠梓加工區快一點鐘了，先請Jason一起到供應所便餐，讓他先了解加工區作業單位的服務，午餐後以多媒體作簡報，並參觀產品陳列室。隨後乘車在廠區瀏覽一圈，並看到飛利浦建元公司、英國的凱音公司、日本的雙葉公司等等，都是國際性的公司，Jason看過後很坦誠的表示，有如此美化的工業區世界上還不多見，足證管理制度的完善，又見到有那麼多的國際性大公司在區內設廠，更增加了投資的信心，但須回去先稟告母親，而作最後決定；一週後，張媽媽在Jason陪同下到管理處來看我，我再向張媽媽做簡報及深入的談到投資法規手續。張媽媽十分滿意，即刻答應願意來區投資，並於七十三年二月（1984.2）初投資申請送到管理處投資料，於同月底即二月二十九日，經投資審議委員會通過投資案正式成立。

投資案成立後，初期作業沒有地方辦公，經研商管理處將從業人員服務中心二樓大會堂旁的一間貴賓室暫借使用，不收任何費用。該公司的籌備工作就在那間小房間內順利完成，完成後，張媽媽及Jason為了感激管理處的協助，而贈送了一張十萬元的支票，管理處無處列帳不肯收，經一再表達該公司感激的誠意，最後以

從服中心房租水電項目接受，這一幕爭取投資的過程，至今仍猶記在心，難以忘懷。有趣的是在我離開公職後，隨張媽媽到中國去發展，一日在北京的晚餐上，Jason的弟弟Richard（張宏本）在席間談到投資時對我說：「余處長你知道我們為什麼決定在加工出口區投資嗎？」「不知道」我答道，他笑著大聲的說：「我們當時感覺到台灣有你這樣認真的公務員，應該可靠。處長，就是因為你，我們就決定在加工區投資了！」同桌的北京市政府主任秘書（女性），馬上接口道：「我們也有，我們也有，你們可以放心」，我只笑而不答，由此可見誠信服務態度的重要了。看看當今日月光的盛況，更值得我大笑了！

2.吸引台灣北澤股份有限公司來區投資

民國七十二年（1983）下半年，日本北澤公司一行三人到我辦公室洽談投資可行性。此三人抱著試探性的來了解，管理處投資科按慣例做簡報，介紹法規手續等，但彼等與我相談的內容則偏重在政策性的問題，我對他們作了三項重點性的說明：

(1) 中華民國加工區將近二十年的歷史，有輝煌的業績，其成就已為世界所公認。

(2) 我國為法制國家，加工區的制度是經過立法院立法完成。所以一切作為依法行事，對投資人具有保障性。

(3) 中華民國的勞工水準與日本相同，而勞工的雇用是由廠商自行辦理，管理處僅站在輔導地位。

這三點說明，他三人表示滿意、放心，經追問該公司過去在海外何處投資？得知在中國大陸深圳投資，因非經營面的影響而至經營困難，因而撤資，而台灣加工出口區聞名國際，所以特來了解。數周後，該公司的負責人北澤社長親自來到我辦公室，他老先生雖然年歲已高，卻非常健康理智，他此行的目的只是來求證三人回去報告的真實性及禮貌性的拜訪。

至民國七十三年（1984）底該公司投資案仍無消息，遂於該年十一月我本人攜同工商科李科長水火兄到日本，選定特定對象數家訪問，其中主要訪問者即北澤公司。該公司位居長野縣，參觀該公司博物館後才了解北澤公司悠久的歷史及企業文化。當參觀其工廠時，令人難以相信的是鑄造工廠連一點煤煙都看不到，全廠整潔井然有序，所生產之活閥小者不及一吋，大者超過一公尺直徑，其產品皆為高精密之機械加工品，確實令人嘆為觀止！我以極懇切的決心邀請該公司到我加工區投資，北澤社長見吾等之誠意，欣然答應，而且還同意邀請與他業務有關的衛星公司同往投資，我表示竭誠的歡迎。終於在民國七十四年三月一日（1985.3.1）「台灣北澤股份有限公司」投資案經投審會通過成立，並迅速完成各項手續及工廠設備裝機後投產；台灣北澤公司之所以完成投資設立，乃跟追有效所至！

3.吸引光學公司來台投資

於民國七十三年十一月（1984.11）到日本吸引投資，專程拜訪北澤公司的同時，也安排訪問了多家光學公司，我以極誠懇的態

度說明台中加工區的環境最為適合光學產品生產，因為台中不但位在台灣中部，交通方便，更重要的是台中的氣候適宜，空氣沒有污染，適合光學產業，台中加工區內已有數家光學生產事業，日本知名的佳能光學公司也設在台中加工區內，另有加工區的優惠條件，一元化便捷的服務，台中加工區應是日本光學產業的最佳投資設廠的地點，因此便有多家光學公司願意考慮來台灣投資，其中一家（忘記公司名稱）很積極的於二個月後到台中實地考察，了解，所得結論是台中加工區土地面積較小，不夠設廠所需，我即刻介紹他到台中工業區，該區屬工業局主管，因光學是屬於獎勵投資項目，一樣可以享受到投資優惠條件，該公司欣然同意，果然在次年便在台中工業區自建廠房，於落成典禮中，特邀請我去致賀詞，我說明吸引外來投資是國家的政策，我雖為加工區處長，但站在國家整体立場，有機會吸引到優良的廠商來投資，無論在區內或區外，都是一樣為國家經濟發展而努力，我這一點意見表達後，工業局及區外參加觀禮的貴賓才了解到為何該公司會請加工區處長來致詞的原因。雖然該案未能吸引到台中加工區投資，但對國家整体的利益則是一體貢獻，仍至為欣慰。

三、推動加工區轉型，擬訂中長程營運計劃，刻不容緩

民國六十九年（1980年代）政府在推動全國產業轉型，經濟起飛的同時，加工出口區也踏著與政府同一步調，推動自動化，新產品研發，提高附加價值及國際市場境爭力等，我在接事之後，

更積極的推動技術密集，資本密集，國際化，自由化等政策，所以每次廠商訪問時都會談到這幾個議題，希望區內廠商都能朝此方向轉型，以謀永續經營，幾年下來，區內廠商轉型確有成效，例如一九八三年台中佳能公司配合以上政策，申請海外技術研發訓練有成，至該公司每年均有自行研發之新照相機型問世，一九八六年台灣飛利浦建元電子公司，在加工出口區內成立研究中心，推動了我國VLSI之發展，及一九八七年台中加工出口區亞洲光學公司，在國科會之協助下，研發產製高倍數醫學用顯微鏡成功，一九九一年楠梓日月光半導體電子公司之關係企業，日月冠電子公司自行研發個人電腦成功，打開美國及歐洲市場成為國內一枝獨秀之電子企業等。加工出口區歷年推動轉型從未間斷，歸納其轉型的路徑為：

「勞力密集轉型到資本密集／技術密集再轉型至知識密集」。

以下按時段簡列加工出口區營運轉型概要表以咨參考：

加工出口區經營轉型概要表

階段	產業結構	產業類別
第一階段 1960～1973	勞力密集100%	成衣，針織及編織，皮革製品，工藝製品，製鞋，傢俱製品，玩具……等。
第二階段 1974～1983	勞力密集為主60% 技術密集為輔40%	除以上勞力密集產品外，另有初級電子產品如收音機，電阻，電容器，PC板等等技術性產品。
第三階段 1984～1995	朝向資本密集、技術密集 科技產業發展＞65%	勞力密集除成衣外，幾已全部淘汰，代之以科技產品之產業，如IC加工產品，光學產品，電腦及其週邊設備產品，精密機械產品……等。

第四階段 1996～2000	密集式高科技產業 （高科技及大資本） >80%，服務業<10%	IC加工產品，新型電腦及週邊產品，IC與電腦組件組合產品，數位化光學產品，精密機械產品……等，另有倉儲轉運及貿易業等之經營。
第五階段 2001～以後	高科技製造業<40%， 服務業（含貿易業） >60%	除現正推動之高科技產業外，再增加生化科技，奈米科技產業等製造業及倉儲轉運物流服務，資訊服務，研發設計，貿易等服務業。

　　加工出口區的特性，功能在創造就業機會，發展低開發地區的基礎工業，而台灣民國七十年代（1980年代）以後的整體經濟轉型，在提高產業的層次，程度，因而必須往技術密集，資本密集發展，但就工業產品品級的市場觀念，經營理念而言，「只有夕陽產品，而無夕陽工業」，此即說明傳統工業須要升級而不一定須要廢除，所以我根據加工區的特性及工業發展理念，對加工區轉型所擬訂的策略是「逐步轉進」，也就是要求區內各廠商一步步的做到：

　　1. 改善現有產品品質，提升產品合格率。

　　2. 提升現有產品品級，例如成衣從二十支紗升級到一百支紗。

　　3. 設置研究發展單位，開發新產品，開拓新市場。

　　4. 改善製程合理化、自動化。

　　5. 朝向轉型發展，從事高科技產品再投資。

　　除了對區內廠商有以上的要求輔導外，對三個加工區大致上劃定任務分配。高雄區歷史最久，區內規劃及公共設施也較差，故在吸引投資時如有較低層次的技術工業，以設置在該區為原則。台中區面積雖小，但氣候適中，空氣潔淨，為一般光學工業所喜好之投

資環境。楠梓區面積大，區內整體規劃較完美，故凡新的投資，以高科技產品為接受的對象，尤其新擴區的地帶，全為高科技的新投資公司或區內原廠再投資的高科技產品工廠。

按照以上的原則帶動加工區漸進式的產品升級及朝向轉型的方向發展，事實證明了以上所列舉的成效。

為了配合加工區的轉型及繼續發展，而擬訂近程、中程及長程計劃予以配合，其計劃內容如下：

近程計劃：以二年為期，包括項目有楠梓加工區及台中加工區之擴區，改善工作紀律，提升服務品質，推動電腦化作業及加強吸引投資。

中程計劃：以五年為期，包括項目有做到合署辦公（外貿科、儲運中心及海關聯合辦公），推動環保及成立環保專責單位，增進區內全體員工福利。（如建平價中心、室內活動中心等），完成加工區設置管理條例修法。

長程計劃：達到轉型的終極目標，成立第四加工出口區（第四加工區的型態為自由貿易區與加工區之綜合體）。

這三項計劃，近程及中程計劃，均已完全實現，達到預計的目標，而長期計劃則視未來發展而定，成立第四加工區，因與經濟部的意見相左，而遭行政院經建會擱置，一時難以推動。

更要記述的是為了推動加工區轉型，總統府李資政國鼎先生，曾直接對我指示，交待要推動三件事，以配合國家整體經濟的變革，這三件事是：

(1) 吸引投資方面，著力於醫療器材在台灣投資生產，

(2) 加強推動與南部各大學的建教合作，

(3) 增設第四加工區，

這三項指示的基本理念，是台灣的醫療器材生產以及研究發展顯得太微弱，在1970年代至1980年代初期，國內幾乎沒有這類行業的存在，而全民保健及至全球人類健康醫療的需求正突顯巨增，刻不容緩，加工區是給予優惠的免稅區，應該是吸引這類外來投資生產最理想的工業園區，只可惜當時我走訪美國，日本各大醫療器材公司時，彼等都以台灣尚未達到一定的科技水準，而婉拒來投資，甚而日本一家頗大的醫療器材公司，拿出一根如小姆指一般粗的膽鏡導線管，解釋這麼一根膽鏡導線管，裏面包扎了數拾根比頭髮還細的光纖，不能有任何一根折斷，否則整條導線管作廢，此外導線管的前端，還需裝置只有一個多米粒直徑的光學鏡片，十分精密的切取剪刀，以及一棵只有米那麼大的照明燈炮，請問台灣目前有光纖生產嗎？能做出如此精密的零件麼？這些技術目前台灣都沒有，而要去投資生產，成本實在太高，人才訓練也需要較長的時間，所以暫且不能到台灣投資，我無話以對，因此這項指示，我未能達成使命而深感遺憾。但看今之世界科技產業的發展趨勢，也曾經是我加工區投資最大的外商荷蘭菲律普公司，今年（2007）的產業發展計劃，放棄了IC產業，轉向醫療器材，照明設備及物流業發展，此証明李資政當年的遠見，銳利而正確。

至於推動加工區與南部各大學建教合作，李資政說明，一方面希望做到企業與學界結合，增加研發能力，另一方面在比照日本，將科技研發分地區設置研發中心，不全集中在東京一個地區，以避

免一旦發生戰爭，不致全盤遭到催毀，為國家保留厚植實力，資政也希望台灣比照設置北、中、南三個科技研發中心，加工區納入在南部科技中心，此一政策性構想，十分正確，但推動起來，沒有政府明確的政策指示，一個加工區實難成大器，更而當我將此指示向經濟部長官報告時，所得到的只是冷淡的反應，故此案的推動，談不上有成就可言。

關於增設第四加工區，我和處內同仁都盡了最大的努力，也受到資政大力的支持，但終究被經建會擱置下來，詳細經過如下節所述。

這三項指示，我都未辦成功，實在愧對資政的錯愛，而自責耿耿於懷。

四、擴區及增設第四加工出口區

（一）台中、楠梓兩區擴區：

民國五十五年十二月三日（1966.12.3）高雄加工出口區建區完成，隨後因實際發展上的需要於民國五十八年（1969）擴建台中加工區及楠梓加工區。往後的十多年，一直保持三個加工區的經營，至民國七十年代（1980年代）三區已實不敷使用。

民國七十二年（1983）台中加工區早已達飽和狀態，但尚有頗多外商希望到該區投資，尤其是光學工業及電子工業者。台中區礙於週遭環境的限制，僅有約三公頃的土地可以再使用，故經報經濟部轉行政院於民國七十二年三月（1983.3）核定擴區。約經一年的時

間，將此三公頃的土地仔細規劃。在該地面上建有自建廠房一棟，預留建標準廠房一棟，另將儲運所之儲運大樓、倉庫等全部建於該地上，並另建網球場二座供區內員工使用。而原儲運大樓租給新設立之中國國際商業銀行使用，原倉庫拆除改建標準廠房；在有效使用這三公頃的面積，使台中區規劃上有所改進及納入更多的優良廠商，甚合經濟價值。

楠梓加工區全部土地面積為一一五公頃，實際用於廠區面積僅八十八公頃，尚有二十七公頃，部份為畸零地，無法使用，而接鄰在廠區東北邊的土地，且為一整塊便於使用者約有十公頃的面積，這片土地一部份租給台糖公司種植甘蔗，大部份空留無用達十五年之久，至民國七十三年（1984）楠梓區內可供新進投資廠商使用之土地日益減少，幾經研擬，呈報經濟部轉行政院於民國七十三年七月（1984.7）核准在該土地面積上擴區，約經過二年擴區完成，擴區的十公頃面積亦配合整區規劃，其公共設施僅設置了污水海洋放流站及廢品儲存區，其餘百分之九十的面積均用作自建廠房及建標準廠房。於民國七十三年七月（1984.7）徐部長立德第一次到加工區巡視，特別詢及擴區狀況，經詳予報告說明，徐部長甚表讚同，認為有其實質意義及經濟價值。

（二）增設第四加工出口區失敗經過：

為使加工區轉型升級，政府首先於民國七十二年（1983）成立「設置自由貿易區專案研究小組」。民國七十二年二月十八日（1983.2.18）加工區管理處研擬妥「籌設自由貿易區之構想」案呈

經濟部轉呈行政院，其主要內容、目的在掌握西太平洋地區未來經濟發展的趨勢，建設我國成為遠東地區的經貿中心，並向國際間宣示我國經濟不斷走向自由、開放的境界，以提高我國的經貿地位……等。區內擬設置經營的事業包括了進出口貿易業、倉儲轉運業、金融保險業、工商服務業、製造業、一般商業等，由此可見其目的及經營類別的廣泛。民國七十二年四月八日（1983.4.8）該研究小組五人赴歐考察「自由港」實際作業並提出補充意見。

民國七十三年十一月二十九日（1984.11.29）行政院指示經濟部研究增設加工區並擴大自由化措施。我在接到這項指示後，於民國七十四年元月（1985.1）在管理處成立三個工作小組。第一工作小組為自由化小組（以區內自由化為主），由王季文專門委員負責。第二工作小組為第四加工出口區設立研究小組，由陳偉亞專門委員負責。第三工作小組為組織修正研究小組，由張先文主任秘書負責。自由化的研討在以後的修法研討案中，將其納入參考；而組織研究按當前加工區的情勢，暫時維持不變為宜；增設第四加工區成為管理處當前政策性重要工作項目。

民國七十四年（1985）上半年管理處全力投入研討擴區計劃，並擬妥「擴大加工出口區自由化及增設第四加工區計劃草案」，其目的「為促使我國經濟不斷趨向自由、開放之境界，以提高我國之經貿地位。特將已具自由區型態並見績效之現行加工出口區之功能擴大，管制放寬並增設新區，以吸引更多之僑外投資，使加工出口區在國家現階段及未來經濟發展中繼續扮演主要角色」，研擬區內經營的事業項目與自由貿易區專案研究小組的內容雷同。其在管理

方面，大量放寬，部份則仍參照現行管理辦法，對第四加工區的地點選擇，考慮地址有二，一為桃園縣觀音鄉之觀音工業區第一、二期用地，此為工業局所開發，經濟部責成管理處考慮採用，二為台中市西、南屯區的台中工業區第三期；經一長時間的兩地實際了解，所得結論重點如下：

1. 觀音工業區：勞動力供應不足，位臨海岸太近，風砂大且帶鹽分，不利高級工業設廠，投資金額過大、超過五十億元。

2. 台中工業區第三期：有足夠的勞動力，氣候佳，無風砂鹽害，適合精密工業設廠，交通便利，各項公共設施完備，投資金額二十億元左右即可，且可與現有之台中加工區相互支援。

根據以上結論分析，管理處以台中工業區第三期用地作為選定的對象。管理處為慎重起見，特對增設第四加工區做有關投資、外貿、儲運等回歸分析。管理處將此研究結果呈報經濟部，並送經建會參考。由我口頭向行政院李國鼎政務委員，及經建會趙耀東主委報告，與其同時，經濟部於民國七十四年四月一日（1985.4.1）成立「增設加工出口區籌劃工作小組」，由吳次長任召集人，管理處亦指派王季文、唐玉光、張錫川、端木光四人參與研擬工作。該小組於民國七十四年八月（1985.8）研擬完成「增設加工出口區研究報告--可行性分析與初步規劃」，其結論重點為：

1. 增設加工出口區並擴大自由化措施實屬必要。

2. 地點選擇：由觀音工業區，台中工業區第三期及彰濱工業區全興區三者比較，選定觀音工業區。

3. 本研究報告所擬計劃包括獎勵優惠、自由化措施、經費籌措、簡化手續、交通及其他公共設施等。

本研究報告呈行政院交經建會研討，此報告與管理處的研究草案之不同點在設區地點的選擇認定。管理處在地點選擇上十分認真考慮到未來發展的前途，成功的可能性，在此一問題上，李政委亦提供對觀音氣候調查報告，說明該地區不適宜建精密工業區；經建會對本案研討持慎重態度。一日我去看趙主委，主委告訴我：「光亞，我要把增設加工區的案子Turn down掉」，我立即回答：「是的，報告主委，我了解」。

民國七十五年四月二日（1986.4.2），於經建會舉行的委員會議中，將增設加工出口區案暫時擱置，而提出「經濟部加工出口區亟待改進之十二項問題」。於民國七十五年五月二十四日（1986.5.24），函請該委員會各有關單位研議，至此增設第四加工區案暫告停止。

民國七十七年七月（1988.7）間，中國國民黨第十三中全國代表大會，簡欣哲等五十六位代表提議「建議將大園空軍基地廢止，原址轉充作北部地區高科技加工出口……」，管理處對本提案非常感激，認真的收集資料研究，於民國七十七年十月五日（1988.10.5），擬妥「大園空軍基地改設北部高科技加工出口區建議案研究報告」呈經濟部轉函國防部，請空軍總部表示意見，且由陳憲崑兄，陪同逕往空軍總部，禮貌性拜訪政戰部主任唐飛將軍（唐將軍後接任行政院長），唐將軍懇切分析說明該基地的重要性，不可能廢止，至此，本案即停止進行。

民國七十八年二月十六日（1989.2.16），經濟部陳部長履安，陪同立法院經濟委員蒞臨加工出口區巡察，會後於交通車上，部長指示加工區未來發展方針，除就現有產業輔導加速轉型升級外，另可研究設置為高科技工業區，有別於加工出口區，如需要土地，可協調台糖公司尋覓適當地點使用；管理處於民國七十八年四月十四日（1989.4.14），擬妥「設置科技工業區可行性研究報告」報部，經徐次長國安批示「該區與工業局擬議規劃中之科技工業專區有重複之處」，經部長批示提交四月十四日（1989.4.14）經濟部，第二八五次早報討論，部長於早報中裁示，加工出口區如因擴大規模需要，可逕與台糖公司洽商土地租購問題。根據部長裁示，我立即電台糖公司魏總經理浩然，請其協助，經商議由台糖公司同仁陪同到各地實際了解，分析比較，就勘察的五處用地，即水堀頭農場用地等，其中以月眉七星農場用地最為適用，惟魏總經理說明該地政府已另案規劃使用，未便同意。而其他用地多不適用，或因涉及部份民地取得困難，至本案暫時停辦。

第四加工出口區雖經數年的努力而未見其成，是為遺憾。然亦看出政府對加工出口區的肯定重視及管理處同仁奮發努力的精神更為可欽佩。

五、修法

加工出口區設置管理條例於民國五十四年元月三十日（1965.1.30）總統（五四）臺統（一）義字第566號令制定公布實

施後，於二十年間曾經過三次修正，第一次於民國五十六年十二月三十日（1967.12.30）修正第五條條文，第二次於民國六十年十一月二十五日（1971.11.25）修正全文三十一條，第三次於民國六十八年十二月二十四日（1979.12.24）修正第十條及第十四條，從民國六十九年至七十五年（1980至1986）的七年中，社會、經濟的改變使曾經過三次修正後的設置管理條例已不符合時代要求，區內廠商在各種不同的機會不斷提出要求改進的聲音，以符合當前商機需要，管理處有鑑於此，即著手修法的工作。

　　修法的初步構想，務必要配合政府政策，走向技術密集，資本密集的科技工業發展，所以首先即要修改加工區的產業結構，類別，將勞力密集，低層次的產業如假髮，人造花等產業剔除，改以科技產業遞補，但本構想報部後，主管加工區的吳次長大為不悅，認為我什麼都想改，尤其要改革他當初參與研擬的產業結構，非常不以為然，同時也有少部份加工區管理處他的老部下迎合傳話，所幸大部份明理的幹部則對次長意見不表認同，故某日張先文主任祕書到部公幹時去看次長，因張主祕意見不同於次長而遭次長申斥：「先文，余光亞給你什麼好處你這麼幫他講話？」張主祕也認真的答道：「報告次長，余光亞是你接次長以後表現最好的處長，好就是好，這是實情。」次長不再說話了，張主祕次日回處上班時告訴我以上情況，我一方面謝謝主祕的真實報告，另一方面了解到何謂私心，與公務員之難為，也學到為人做事的一次寶貴經驗；約二年後又由儲運中心同仁傳出說次長干預余處長的人事權，我只一笑置之，不予理會，免生枝節；至次長生病的前一年，我到次

長辦公室請示某一案件時，我笑著對次長說：「報告次長，我總不能將您辛苦創下的基業輕易的毀掉吧！」次長得意的哈哈大笑！

修法未因障礙而停止，仍繼續進行，並由我本人做召集人，邀集副處長、主任秘書、兩位分處長、專門委員及管理處各科室主管等十多人組成修法小組，由秘書室研考法制委員張錫川兄負責修訂執筆，定期開會檢討。

為配合我國經濟國際化、自由化的發展，初步研討決定將全部條文作通盤性的大修正，由於副處長王達九、主任秘書劉承權、分處長黃志烔及侯保民等均為加工區管理處的老人，對管理條例制訂的背景原由了解甚深，而各科室主管則對當前各項法規的配合需要及實務運作知之甚詳，故在修法過程中，前後的銜接甚為密切，但從民國七十四年至七十七年（1985～1988）間每年將近開十多次會議逐修研討，可是每到告一段落時，便碰到為國貿、工業、商業、海關……等方面的法條修改，而不得不花工夫逐條再修以與之配合，至民國七十七年（1988）初將修訂完成的條文報經濟部，再由部法規室會同技監室與管理處作政策上的檢討，認為通盤修正不如作重點局部修正，僅修正全文的三分之一比較容易通過審查，故又用三個月的時間由經濟部法制室會同修正，並經經濟部報行政院審核後送立法院審查。

行政院將修正案送立法院後，為使能即早在立法院審查定案，我本人即從各方面接洽溝通，首先拜訪立法院經濟委員會主任秘書，對其說明修法大要，並請優先安排提會審查，再則分別拜會各經濟委員，尤其多位老委員，最初設置管理條例便是由他們審查通

過的，故對此次修正表示特別關切，另部份年青的增額委員，亦表示相當程度的關心與支持，終於在經濟委員會開議後便將加工區設置管理條例列為第一件審查案件，初審時我本人率領管理處修法小組成員到立法院備詢，首先由徐次長說明設置管理條例修正的意義及在時間配合上的需要性，隨後逐條討論，由我本人一一作答說明，總共修正了六條，增加了二條，其要點在區內可以設置貿易、咨詢等服務業、外銷事業產品可以課稅內銷，免稅進口物資有條件的可以課稅內銷，或因修理等理由，得免稅出區，國內購之物資視同外銷物資，可享受沖退稅及零稅率的優惠，服務業的行政手續比照外銷事業辦理等等，初審在說明與爭議後順利通過。

經濟委員會主任秘書非常熱心協助，以最短的等待時間，安排二審及三審，二審時已不用承辦單位說明，但我卻在會場外等待隨時有可能用便條書寫說明委員們的質詢問題，供主席答復，二審在激烈爭論之後可算順利過關，三審定於民國七十七年十一月二十七日（1988.11.27）上午十時開始，此審我連到會場外等也不需要了，順利通過。

本次修法雖然只作局部修正，但對必須修改的重點部份已全部包含在內，對加工區日後的運作，已產生極大的幫助便利，使廠商受惠而有利經營，綜觀而言，本次修法對加工區的未來發展具有肯定正面的影響，不容置疑。這也是加工出口區改善體質，永續經營的根本所在。

六、改善管理處財務結構

　　加工出口區管理處（含各分處）主管加工出口區的營運業務，在加工出口區成立之初，經立法院三讀通過的設置管理條例，明訂管理處為「自給自足」的單位，即管理處的財務營運資金要由管理處自籌，其自籌財源的規劃有二，其一為向區內外銷事業收取營業額千分之三為限的管理費。其二為管理處所屬各作業單位的服務營運收入。這兩大費用的收入，納入在管理處的作業基金之內，而管理處的年度收支預算仍然編例呈報納入在政府年度預算之內，受審計法稽查，並不因自給自足而完全自主自理；又在會計制度上，管理處及各分處為行政單位為行政預算，而各作業單位（如儲運中心、供應中心、保健所、女子宿舍等）為營運作業預算，也就是說管理處內是有兩種預算制度同時併行運作，至為複雜，在前任處長時，因加工區營運不善，財務見拙，以至要賣地發薪水及還銀行債務，有見如此，我體認到管理處本身財務不健全，又能如何服務廠商及至永續經營？所以我用了很大的功夫了解管理處的財務結構缺失，而後逐漸改善之，其重點簡述如下：

（一）深入了解兩種不同會計制度並行運作財務結構：

　　加工區初期財源為「三區建區費用」，如下表，共計新台幣四‧七八億元餘，其資金來源有國庫撥款，中美基金贈款，銀行貸款，及事業基金等五項，其中兩項貸款，前五年僅付利息，自第六

年起分十年本息平均攤還，該兩項已於民國七十五年（1986）全部還清，國庫撥款計一‧二一億元，勿須歸還，但每年必須交繳國庫固定利息費用七五〇萬元，事業基金乃三區一方面建區，同時經營節餘的作業基金，由其提撥作為建區費用，三區共計一億餘萬元。

附表　經濟部加工出口區管理處高雄、楠梓、台中三區建區費用總表

來源 別 區別	國庫撥款	中美基金 贈款	中美基金 貸款	銀行貸款	事業基金	合計
高雄區		41,374,079.39	44,883,609.98	20,201,502.17	4,098,347.32	111,368,838.86
楠梓區	60,713,150.11	16,616,466.35	71,242,963.56	20,488,222.90	91,603,480.00	260,664,283.42
台中區	60,520,441.52	7,872,505.95	25,002,526.61	8,602,871.30	4,873,475.69	106,871,821.07
合計	121,233,591.63	65,863,052.19	141,129,100.15	49,292,896.37	101,383,303.01	478,901,943.35

　　三區開始營運，即有單位預算與作業金預算同時作業（詳見財務收支流程圖），我到管理處接事之初，吳梅村次長曾告訴我：「管理處須賣地還債，真是敗家子，令人痛心」，所以我接事後便急著要了解處內財務狀況，而分別請教副處長、主任秘書、財務科長、會計科長等人，他們費盡心機對我詳加說明，而我外行人不得其門而入，就是聽不懂，其感覺是理不出頭緒，經過一段長時間的自我摸索，仍然是腦子裡一團混亂，不得已便想到用IE常用的流程圖方式也許可以整理有序，如是，便請財務彭長新科長來商量，彭科長表示同意試試看，彭科長親自研究用方塊流程圖的方式將財務

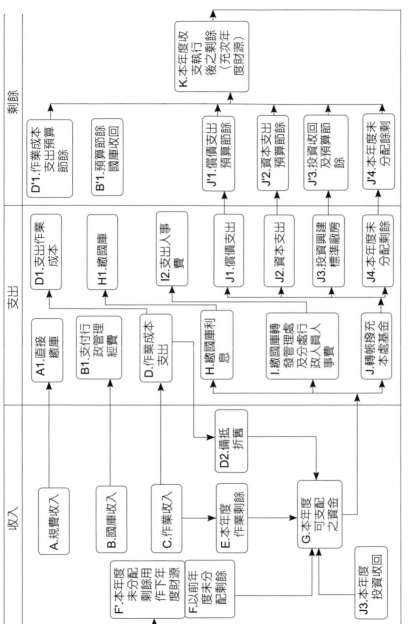

經濟部加工出口區管理處財務收支流程圖

收支繪圖表達，並請我過目研討，從流程圖中發現很多資金流向及會計理念的問題，經過十次的研討修正，終於完成了一份合法合理的財務收支（結構）流程圖。

由流程圖很明顯的了解到資金流向，每年收支是否平衡，作業基金有無剩餘用作擔負擴區，新建標準廠房等重大發展專案之需，最重要者在了解到行政單位預算與作業單位預算之間的區別及關係，尤其在自給自足的管理處及分處的人事費用作業，是先由管理處從收入中繳交當年人事費用總額，而後再由國庫按月撥發薪資，表面是由政府支薪，實則是管理處先交繳而後發還，以符合自給自足的精神，並達到政府預算管理的目的；在全年預算中，真正由政府支付的款項僅有行政管理費用而已，由此流程圖對管理處財務收支結構得一目了然，完全了解，彭科長非常辛苦的研繪完成流程圖，並笑說：「過去沒有人像處長這麼用心澈底了解」，我亦笑答：「說實在的任何一個單位，人事與財務是單位主管最重要的左右手，不能全然了解，將如何運作呢？」以下就經濟部加工出口區管理處財務結構予以說明：

1. 本處財務結構，係由單位預算與作業基金預算所組成。

2. 單位預算歲入為規費收入，項目有：(1)外匯簽證收入。(2)工商證照收入直接繳入國庫。

3. 作業基金預算為本處財務結構之主體，收入有：(1)土地租金(2)公共設施建設費(3)儲運費(4)醫療保健費(5)供應服務費(6)女舍寄宿住宿費(7)工業給水費(8)其他收入等項，稱為作業收入。

支出有：(1)公共設施維護費(2)消防(3)工業安全衛生檢查(4)土地放租成本(5)資訊處理(6)儲運、衛生、供應、女舍、工業給水等服務成本(7)其他作業外支出等項，稱為作業支出。

4. 當年度作業收入減作業支出後的剩餘，連同固定資產備抵折舊，以前年度未分配剩餘或投資收回款等，透過單位預算程序，轉充下列用途：

(1) 行政人員人事費。

(2) 償債支出（包括每年定額繳付國庫撥付建區經費之利息）。

(3) 資本支出。

(4) 投資──興建標準廠房；此廠房出售收回之價款，繼續轉入作業基金運用。

(5) 單位預算執行後之餘額國庫收回；作業基金預算執行後之剩餘，繼續充作次年度之財源，如有短缺，則由以前年度之未分配剩餘彌補。

（二）作業單位自給自足統籌管理原則

　　管理處作業服務的單位，有儲運中心、保健所、供應中心、女子宿舍等均為自給自足單位，其中以儲運中心每年的收入最大，約為管理處年總收入的百分之四十至四十五，而其他作業單位，收入非常有限，無法達到自給自足的基本要求，但管理處對廠商服務的工作不能不做，因此，這幾個作業單位的年度收入及支出統籌納入到作業基金的年度統收統支管理，但各作業單位仍維持分別計算

績效，決定年終考績及年終獎金的評定，以避免完全吃大鍋飯的心理；尤其對儲運中心，一方面要求有企業經營的績效，同時也要求達到政府單位服務廠商功能的最大發揮，事實上頗有難為的窘況，也才會有「提高儲運作業生產力，規定儲運三原則」的改進議題要求，此實因儲運收入影響太大所至！

（三）爭取作業基金代理國庫銀行存款計息

自民國七十七年（1988）以後，因國內外經濟不景氣而影響到管理處財務收入，甚而將發生財務危機，為長治久安計，如何做到開源節流，為單位主管最沉重的責任。從開源方面研討，管理費不能提高費率，作業單位又不宜調升單價，實不可能有增加收入的機會，可能性，在無計可施時，想到作業基金一筆不算小的金額，根據政府規定分別無息存在國庫代理銀行的楠梓中國國際商業銀行及高雄加工區台灣銀行，據了解特種基金如工業局的工業區開發基金存入國庫代理銀行是計息的，這其間的差別應澈底了解，也許可以爭取到利息收入不無小補。

本案交由張主任秘書及財務科長彭長新兄了解處理，首先請教審計部來處查帳人員，表示可以計息，只是要依法爭取，隨後到財政部得知根據財政部委託中央銀行代理國庫存款契約規定，可以計息，其活期存款者，按活期牌告利率計息，而定期存款則按存款時間長、短期商定之；張主秘及彭科長洽請高雄加工區台灣銀行黃經理賁聿及楠梓中國國際商銀林經理攜江到管理處研商，黃經理非常練達解釋活期存款款項有六成要繳中央銀行，只能同意四成可以計

息，管理處並不了解銀行作業表示同意，但要在報經濟部的函中說明只能按四成計息，黃經理認為不妥，不表同意，經多次協商改以全額計息，但利息調降至相當於四成計息之水準，彭科長表示不能接受，因為按規定要用活期牌告利率，為打破僵局，我裁決同意，同時定期存款部份利率亦商定好；會後我告訴彭科長，利率多少沒關係先將本案定案最重要，拿到手的才算是自己的，再說，政府機關依法辦事，不是可以自行商定的，甚而有可能審計部將提出糾正，有圖利國庫之嫌；本案定案後，將計息部份報經濟部核定，經濟部回函不同意，指示活期存款應按牌告利率計算，至此本案一切依法全額計息，財政部於民國七十七年十月十五日（1988.10.15）正式函表示同意，並定於民國七十八年七月一日（1989.7.1）起開始計算。

至於定期存款利率商定部份，中國國際商銀為慎重起見函報財政部請示，財政部再轉中央銀行答復，按以往是可以由雙方商定，現已改為照牌告利率計算，財政部於民國七十九年六月二十七日（1990.6.27）函管理處根據銀行法第四十一條規定應按定期牌告利率計息，不可商定；至此，本案各節已全部釐清，按全額存款牌告利率計息，一年的收入，對管理處帶來了頗大的幫助。做到開源的目的。

（四）爭取管理處行政單位人員薪資編列政府預算

加工出口區管理處成立以來，管理處及所屬分處，各作業單位等人事費用，自始皆未編列政府預算，管理處及分處初期人員薪資由經合會（即中美經濟合作委員會）美援基金項下支付，而後改以

單一薪俸自給自足方式付薪，各作業單位自始即用自給自足方式支給，所以，自加工出口區成立以來，在三區四億柒仟餘萬元新台幣的建區費用中，國庫撥款僅壹億貳仟餘萬元之外，未再增加政府任何負擔，即使償還貸款，亦是由加工區管理處自籌財源。

管理處每年的財務收入，分為兩大項，其一是管理費，約佔總收入之百分之三十，其二是儲運費約佔總收入的百分之四十五，這兩大項收入，過去廿年均能維持收支平衡，略有節餘，保留為作業基金，管理處所屬各單位，每年人事費用年度調薪，均仰賴作業基金統籌運用而無慮財源不足的困擾，然而自民國七十七年（1988）以後，國內外景氣衰退，為體恤區內廠商經營困難而將管理費收入由千分之三降為千分之二點五計收，使管理費大為降低，另運輸費用，亦為考慮減輕廠商負擔，多次運輸公會通知調漲價格而管理處維持不調，運輸費用係按國際規定以重量噸或體積噸擇一有利者計費，但近年來因為加工區工業升級，產品特性改變，體積小、重量輕，故而儲運收入亦大量降低，由於這兩項收入均大量降低，使管理處賴以自給自足的財源漸有不繼之慮，年復一年，就長遠觀之將有嚴重的財務危機。

為加工區長遠計，各項收費不宜擴大，然而如何防止財務危機的發生是為當務之急，經研商，首先從管理處組織及法上了解確有可議之處，按整個管理處的組織，管理處及分處為行政體系，其成員為政府公務員，而各作業中心、隊、所等均屬作業單位，類似各國營事業；又依法而言，按加工出口區設置管理條例施行細則第十七條的規定「前項作業單位及服務站所採自給自足方式作業……」，此條規定自給自足限在各作業單位施行，而管理處及分

處行政體系未含在內；又深入了解，何以管理處及分處亦採用自給自足方式支薪呢？有以下兩項原因所造成：

1. 建區之初，管理處及分處同仁薪資係由經合會美援基金付給，薪資比一般公務員高出很多，而各作業單位則由管理處按國內標準支薪，所以兩方面薪給差別很大，而美援停止，但已領了高薪者，希望維持原有標準，因而向政府提議「單一薪俸」制，且由管理處自給自足，在政府未核定之兩年期間，管理處及分處同仁以借支方式按原標準發薪。

2. 美援停止後，政府財政困難，加工區管理處全體實行自給自足，對政府頗有幫助，故而有加工區管理處自給自足的預算編列。

經研討了解到組織及法，管理處及分處並無規定為自給自足單位，故於編列七十八年（1989）度預算時，向經濟部提出編列政府預算，當送行政院復審時，因財政部反對而駁回，至再編七十九年（1980）度預算時，我先與行政院主計處各承辦負責人及主管溝通，並當面向于建民主計長報告說明加工區管理處當前財務危機，又管理處及分處確為政府行政體制，其人事費用應納入正軌編列政府預算，主計處各級長官及主計長均認為合理，故專案報行政院，並於行政院對各單位預算審核時，我親臨會場說明，次日經濟部會計長電話告訴我行政院審核通過，並於民國七十九年二月六日（1990.2.6）正式核定，從此以後，管理處在人事經費上解除了一大困擾，而以後有限的管理費收入將可有效的用在環境衛生、安全及公共設施上了。

1983年9月8日歡迎日本自民黨輸入促進團金廣昭副團長等參加經濟研討會加工區分會

主辦1989年世界加工出口區年會開幕式，首先以主辦單位代表致歡迎詞

主辦1989年世界加工出口區年會，應邀貴賓李國鼎資政等留影

1984年5月經濟部組團至日本參加投資發表會，與日本國會議員交換意見

1989年世界加工出口區年會與世界加工出口區協會秘書長夫婦合影

1989年世界加工出口區年會特別邀請聯合國工業發展組織代表夫婦參加

1989年世界加工出口區年會與世界加工出口區協會理事長等合影

1984年5月至日本名古屋參加投資發表會,作者於會中發表演說

1984年5月14日經濟部長吳梅村次長偕余光亞處長（前排右二）等赴日促進投資說明會

肆、鉅細靡遺，加工區人

　　加工出口區的結構型態，有如一個小型的行政院，行政院所轄各業務單位，在加工區內均設有分支機構，凡工業、商業、銀行、郵政、海關、警安、稅捐、投資審核、僑外業務……，區內均有此等業務單位配合執行，此乃加工出口區所強調的一元化服務，也因此區內事務繁多，除了以前三節所記述的系統性管理事項之外，其他不定時的事務更是應接不暇，不勝枚舉，茲就幾項記憶深刻，有意義的事項記述如下：

一、民意代表百態演義

　　提到民意代表，公務員莫不談之色變，平心而論，民意代表良莠不齊，有天淵之別，但絕多數都有共同的表徵——「勢氣凌人」，甚而為了選票，惡形惡狀者，不在少數，茲例舉以下數例共賞之：

　　例1.在第壹節已提到的高雄縣，蘇姓無黨籍立法委員，為了選票，對黑函不予證實就印制傳單散發對我個人攻擊，我則以靜制動，不給他發揮的機會，而平息了案。

　　例2.民國七十三年五月二日（1984.5.2）日商有力電子公司在楠梓加工區設廠生產電話機，家庭用衛星接收器等電子產品，生意

不錯，以至工廠經常需要加班趕貨，唯每週加班時數多超過四十八小時，自行變更工作時間，卻不向管理處勞工科申報核定，尤其不按法定發給加班費，經工會反應到管理處勞工科，查證屬實，管理處協調要求改善並正式發函要求改正及補發加班費，該公司不但無誠意改進，對支付加班費之比率不按勞基法一‧三三倍及一‧六六倍之規定發給，擅自請張姓律師解釋只按〇‧三三支付即可。管理處對如此不能配合之廠商在繼續加班部份處罰四十八次，計罰新台幣二百八十八萬元及例假日加班罰款三十萬元共計達三百一十八萬元之多。又對支付加班費之比率堅持按勞基法之一‧三三倍比例發給，該公司頑強請張律師到管理處勞工科說明。以該律師之看法解釋，只須付〇‧三三倍即可，在加工區內只有管理處勞工科才有對勞基法的解釋權，對該律師之解釋不予接受。隨後該公司總經理、張律師及勞工科主管一起到我辦公室，我對該案早已深入了解，故很明白的告訴他二位，一切依勞基法做，加班須經工會或勞工同意，而加班費為一‧三三倍及一‧六六倍給付，希能確實遵守，至於員工表示不願加班部份，管理處願協助協調。很不幸的，總經理非常固執，態度傲慢，而更可惡者是張律師，自以律師權威，講話語氣完全無視法之存在，以其自行解釋即可，我在忍無可忍的情況下，一方面告訴他們，這裡是中華民國，是中華民國的法，要來投資設廠就得遵照辦理。而對法的解釋，張律師不是法定解釋人，一定要以管理處勞工科的解釋為依據。最後我將他倆請回，並即時以管理處發文，用信函告知該公司日本母公司，對此一不幸事件表示對總經理的不滿，希約束督導改進。該公司對本案之處置不服，並

向經濟部、行政院、行政法院訴訟請願，均遭各上級單位以無理由駁回，與其同時，該公司透過關係向洪俊德監察委員告狀，說我對外國投資負責人以惡劣的態度相待，洪監委對我責備有加，並說：「在你眼裡只有立法委員，沒有監察委員。」且向經濟部長官告了我一狀。這樣的責備及批評，我不能接受，在找到適當時機我到洪監委辦公室，向他說明原委。最後我強調我對立委、監委及國大代表一視同仁，不敢偏頗。至於中華民國立法院立的法，我會全力維護執行，不管他是什麼人，絕不妥協，這是維護國家的尊嚴，可能是我的坦誠，站在單位主管維護國格的立場及認真執法的態度，使得爾後洪委員對我另眼相待，在次年洪委員與施鐘響委員到加工區管理巡察時，鐘委員一再強調洪委員對我的推崇好評，並在巡察檢討會中得到滿意的驗證，真乃不打不相識！

　　例3.大約是在民國七十五或七十六年（1986或1987）立法院審查經濟部預算，在安排審查各單位預算時，我因處內有事不能親自出席，而由汪副處長及會計科長同往立法院備詢，在中午十一點半鐘時，經濟部國會連絡人張有惠兄打電話給我：「余處長，你趕快上來，副處長招架不住了」，我午飯也來不及吃即時趕往機場飛台北，在立法院下午開議的前半小時趕到立法院，經了解早上的問題所在，為了勞工行政預算的編列，朱×正委員有意見要刪掉其中相當大的一部份，此刪除部份還牽連到勞工行政人員的薪資，影響相當大，我一方面準備下午開議後的答辯，同時思索找勞工委員協助，在開議前十分鐘，見到勞工委員吳×雄到場，我立刻迎上去，請他協助，並說明內容預算編列原委及若遭刪除的影響，吳委員既

是勞工委員，尤其是加工區的勞工行政預算，當然盡全力協助，所以當開議一開始，吳委員要求第一個發言，說明加工區勞工行政預算的必要性及嚴重性，堅持不應該刪除，而要全數通過，有趣的是吳委員還未發言完畢，坐在下面的朱×正委員破口大聲罵道：「你懂個屁，胡說八道……」，此時主席即刻制止處理，我笑著對張有惠說：「老張，好了，現在把問題丟給他們去處理，去吵吧！」等吳委員發言完畢，朱委員搶上台發言，意見與吳委員完全相反，並對數字提出質疑，此時主席裁示由加工區管理處說明解釋。當我上台才說明到一半時，又被朱委員打斷，同時其他委員也參戰了，好不熱鬧，我只好回到坐位。此時，吳×美女性委員過來找我商量，要我在這方面讓步，以便整個行政院預算好過關，同時行政院主計處長官也對我說此刪掉的金額，主計處另設法補救，既如此，我便對吳委員說：「好吧，我同意，但若管理處發不出薪水，我要找你負責」，吳委員好大一雙眼睛瞪著我無言以對，此時主計處長官接口道：「主計處會幫你解決」，我點頭同意，不再堅持，經這麼一鬧，得到解決，皆大歡喜，會後張有惠對我說：「余處長，值得來回票價，你要不上來就麻煩了！」大家哈哈大笑！

例4.就在有力電子公司勞資糾紛案發生後不久，一天下午家父與我從台北回高雄，在華航貴賓室碰到高雄的朱監察委員，他的夫人是吳立法委員，大家都是熟朋友，朱委員主動向我提出有力電子公司勞資糾紛案，希望我對有力公司通融、方便，理由是有力公司為外資，能方便則方便，我將本糾紛案原委詳細向朱委員報告明顯違法，而且工會也正式提出抗爭，管理處很難有所偏頗，在各持己

見互不相讓的氣氛下，朱委員可能是下不了台，便突然提到：「你是黑官吧？你們經濟部很多黑官，我要仔細查一下」，我也毫不在意的答道：「請便，沒關係」，到此不歡而散，各自上飛機回高雄，到家後，父親說話了：「那有這樣的委員，不管合不合法，強行要求，真是莫名其妙」，「民意代表就是如此，也不止他一個，見怪不怪」我輕鬆的答道，以安慰父親的不平。一個多月後，因公去經濟部，會見徐國安次長，次長責問道：「老余，你搞什麼鬼，弄得朱××委員又來查黑官，你沒有事，查到我了，討厭！」我只好一笑，向次長報告事故發生的原因，徐次長也只能表示一絲苦笑吧了！

　　例5.民國七十三年二月（1984.2）初，立法院外交委會到高雄市巡察，由於加工區在外交業務上擔任了尖兵的任務，所以該委員會於高雄市巡察之便，於二月八日特別要求安排巡察楠梓加工區，並由我本人親自接待。亦比照經濟委員會來區巡察的程序，先以多媒體簡報，使委員們對加工區有一初步的了解。隨後參觀產品成列室，最後到會議室以書面作詳細的業務報告，並備詢。因為本次巡察是外交委員，所以對經濟的問題較不深入，故問題也較多。其中最較為特別的一個問題是陳委員紀瀅所提出的，陳委員問道：「余處長，按你剛才的報告，我國經濟不斷的發展、成長，繼續這樣下去，我倒懷疑三民主義與資本主義的區別何在？」，陳委員的這個問題，很多國人也分辨不清。我的答覆是：「報告委員，三民主義是均富政策，資本主義則是獨佔性的寡富，即少數人致富，是為不同。但二者都是要致富，國家不能窮，只有共產主義才是均貧，不

是我們所希望的。所以，我們還是要繼續不斷的發展經濟，往均富發展，絕對不能均貧。」在我解釋的時候，只見陳委員閉著雙眼不斷的點頭，等我答覆完後，陳委員睜開眼睛用滿意的語氣道：「我了解了，很好，很好！」會後，管理處與會的同仁也才恍然大悟，由此可見今之政府經濟政策，還不能為全民所了解。

例6.民國七十八年二月十六日（1989.2.16）經濟部陳部長履安陪同立法院經濟委員一行蒞臨楠梓加工區巡察，委員們對區內業務、成就、制度等無不稱道、讚譽，而吳德美委員以高雄地區選出之立法委員，秉持一份關懷特別提出廿二年前應國內經濟情勢的需要而創建的加工出口區，如今已有豐碩的成果，享譽中外，足見當年政府決策的正確，可是當前國內經濟情勢已大有改變，對於加工區的定位走勢如何？是否隨時間而消失？陳部長對吳委員的質詢因涉及加工出口區今後的生存前途？以及對加工區業務的了解，指示由加工出口區管理處長答復，我以四點說明答覆吳委員的質詢：

(1) 對工業而言，只有夕陽產品而無夕陽工業，例如廿年前十支紗、二十支紗的成衣，如今已遭到淘汰，然而一百支紗、一百二十支紗的高級成衣工廠卻有生存的空間；又如我國陽傘業都外移東南亞，而日本陽傘卻有很好的市場，此乃品級淘汰，再就我國經濟發展而言是以工業發展為主導，而加工區為我國工業之一環，所以，加工區沒有隨時間而消失的問題存在。

(2) 研究發展、開發新產品是維持工業繼續發展生存最可靠途徑，管理處正在朝這個目標推動，例如飛利浦建元公司正

與政府合作推動VLSI的研究，是為一明證。

(3) 廿年前加工區是國內中小企業的開創者，廿年後的今天卻是中小企業轉型的領導者。

(4) 科學園區是加工出口區的變體，它是先研究發展而後設廠生產，加工出口區則是先生產而後研究開發新產品，二者在程序上有先後之別，但對國家發展經濟的目標則是一致的。

根據以上四點說明，可以了解加工出口區的定位是肯定的「繼續發展」，其未來走勢為：

(1) 加速轉型為高科技，高附加價值及資本密集的技術工業區。

(2) 加速研究發展，開發新產品。

(3) 加速分散市場，避免過份集中而遭貿易障礙。

(4) 加速貿易、諮詢服務業的開發，有利於市場外銷。

綜結而言，加工出口區無論從理論及實務上來看都不會隨時間而消失，而是會不斷的隨時間而壯大，會後安排各位委員到建元公司參觀以證明確實在進步不假，陳部長甚至利用該公司的簡報資料說明有那些研發案是由政府列管，使委員們確信加工出口區在轉型發展而肯定其功能及存在的價值無疑。但是吳委員會後對我說：「余處長，你的報告真棒，但是我還是不認為加工區有存在的必要」，我也只好一絲苦笑！

民意代表，好壞都有，但惡行惡狀者居多數，所以對他們見怪不怪，近而遠之便是了！供讀者分享！

二、 主持日本輸入促進團分團與加工出口區座談會，及參與經
　　濟部投資促進訪日座談會，改善中日貿易關係。

　　多少年來，我國對日本在貿易上始終處於逆差狀況，不但沒
有改進，還逐年擴大造成我國對美國的順差都奉送給日本。舉國上
下對此一現象皆耿耿於懷，雖然每年政府均與日本洽商希望日本改
進，但都不得要領，依然年年對日赤字增加；從趙耀東部長接經濟
部後亦不斷對日交涉，得不到良性反應，在是可忍孰不可忍的情況
下，趙部長指示國貿局檢討消費日用品一千五百多項於民國七十一
年二月（1982.2）間突然宣佈禁止進口，這項禁令頓時激起了國人
的振奮之情，也驚嚇了日本政府及國民，他們做夢也未想到有這麼
大的震撼，認為是不可能的事情發生了，迫使日本政府不得不緊急
會商研擬對策。

　　日本與我國早已斷絕外交關係，經貿的衝突無法用正式的外交
管道溝通，也無法直接由日本通產省與我經濟部洽談，然而問題不
能不解決，否則日本在國際上難以交待。因而日本執政的自民黨，
透過以該執政黨的關係與我交涉，我方的目的在如何迫使日本政府
有誠意縮減中日逆差，做到公平交易的原則發展雙方貿易。故對日
執政自民黨的溝通管道表示接受，因此，由日自民黨幹事長江崎先
生於民國七十二年九月（1983.9）初率團經香港繞道來我國與我經
濟部會談。團名為「日本輸入促進團」，其副團長金廣昭先生於民
國七十二年九月八日（1983.9.8）率領部份團員約十多人南下到加

工出口區與加工區管理處舉行研討座談會。

　　加工區研討座談會，由管理處主辦。在我方參加的人員由我本人領軍，除管理處高級主管外，還特別邀請了公會理事長、日商代表、工聯會理事長參加，會議地點在加工區管理處會議室。會中負責翻譯人員，我方由工商科李水火科長擔任；日方則邀請到日本雙葉電子公司的總務經理韓明惠小姐擔任。雙方於民國七十二年九月八日（1983.9.8）上午十時整開始會談；會議開始，我致詞對該團的誠意表示歡迎及對未來中日貿易前途表示樂觀。接著由王副處長達九兄報告加工區經營業績及日商在加工區的貢獻表現等，隨後由日本副團長金廣昭先生致詞感謝加工區的接待及給予座談交換意見的機會，緊接著由雙方團員發問交換意見，氣氛非常融洽，最後由我本人做結論提出三點希望供該團帶回國參考辦理：

(1) 希望該團轉告日本各大公司，加工區非常歡迎高科技產品來區投資。

(2) 希望日本政府督促區內日商將產品回銷日本，以協助平衡中日逆差。

(3) 希望日本政府轉告日商遵重我國勞工法規及環保要求。

　　金廣昭副團長在結論中同意這三點要求並願帶回團部一併辦理；這次座談會，完全按照國際會議水準辦理，會後，金廣昭副團長及團員對會前準備及負責翻譯的人員十分稱讚，以至於影響到民國七十三年五月（1984.5）我國訪日投資說明會的成功。

　　繼「日本輸入促進團」於民國七十二年九月八日（1983.9.8）來我國座談之後，復於民國七十三年五月十四日（1984.5.14）經濟

部投資促進團訪日座談會由吳梅村次長任團長帶隊到東京，行程至五月二十七日止計兩週。隨行團員有投資業務處長黎昌意，投資審議會執行秘書王志剛（後任經濟部長），工業局長徐國安（後任經濟部次長），我本人及各單位主要承辦人等十多位；首場於五月十五日下午在東京商工會所，由吳次長主持。會議開始，我坐在吳次長右邊，昌意兄坐在左邊，志剛兄坐在我右邊，其他依序就坐。會中不少日商已在台投資設廠，所以提出很多實質問題，而這些問題大多與法不盡相符，或可能留下後遺症者。所以在吳次長答覆之前我便在旁小聲報告次長可否答應，因為另有同仁表示都可以同意。會後，吳次長在回程的車中很嚴肅的要求大家把法研究清楚，如果會中萬一不慎答應日本要求，將會留下難以補救的困擾，次長指示我甚了解所指為何！

第二場座談會於五月十七日在大阪商工會議所舉行，第三場於五月十八日在名古屋愛知縣產業貿易館本館舉行。每一場所到的日本廠商均非常踴躍，問題也很多。第三場座談會完後，吳次長因公返東京飛美國，其團長職務由工業局長徐國安接任，行程表照原預定計劃進行，排定於五月二十二日上午十時，在名古屋石川島播磨重工業會社與江崎輸入促進訪問團之成員座談會，由該社狩野常務董事主持，會中除了安排我方團長致詞外，還特別安排「加工區管理處余處長致詞」，當徐局長告訴我有我致詞時，大家好生奇怪，經與李水火兄討論發現主持人原是日本輸入促進團的團員，且參加了由金廣昭副團長帶隊到加工區舉行的座談會，因而此次座談會特別安排我致詞；我在致詞中，一方面回

憶輸入促進團座談會的成就，老朋友再次相見的愉快外，特別將加工區建立之功能成就及延伸到我國整體經濟發展之影響，甚而成立科學園區予以說明，至有本次投資促進團訪日，足見我國對日經貿關係之密切及我國之誠意……在事先沒有準備的情況下，還能講出一篇道理，會後科學園區劉泉梓兄特別與我握手表示感謝，因為他沒有機會為科學園區表達意見，而我雖是加工區的處長，但所講的是國家整體的發展。同時王志剛兄亦對我稱道：「光亞兄，在台大，我自稱沒有人可以與我在口才上相比，而你老兄的這一席講演，我由衷的欽佩，不簡單……」我笑答：「謝謝沒有準備，不成體系！」

從民國七十二年九月（1983.9）初日本輸入促進團到我國座談會到本次我國投資促進團在日本座談會，兩者相連的關係，可以看出中日在經貿關係上的密切程度。而加工區在兩次座談會中都顯示出日本對它的重視，我有幸這兩次座談會都由我代表加工區與會對談，而座談成效亦受到日本政府相當程度的重視，也促成楠梓、台中擴區後，不少日本高科技的廠商來區投資，甚感安慰。

三、協助廠商走出陰霾的困境

加工區內無論中外廠商，都有順境及逆境的時刻，管理處雖不為他們經營的成敗負責，但他們的成敗也就是整個加工區的成敗，所以十分關注的了解他們經營的成效，例如一次在台中加工區訪問一家中日合資公司，在該公司總經理的陪同下參觀工廠，在工

廠公佈欄有品管檢驗曲線圖，我也順便看看品質如何？由曲線變化及數字顯示有一些問題，我便問在場的工程師這些有問題的部份是否已改進？若已改進，這些曲線圖就不應該還貼在這裡，工程師很不好意思的答道：「還沒有改進完成」，「既未改進完成，又繼續生產，那不是生產了一些不合格品嗎？」我再問道，工程師無言以對，總經理忙接口道：「要趕快改進，處長這麼忙，短時間就看出我們的問題，我們要加倍努力」，工程師忙答：「是！」這只不過是我對廠商關心的一個小案例。又如民國七十三年（1984）日月光公司一方面整建購置之廠房，機器安裝，同時從下半年開始生產。很不幸的是，民國七十三年（1984）第二次石油危機開始，下半年日益嚴重。至民國七十四年（1985）初，該公司董事長Jason的母親張媽媽到我辦公室來研商，如何應變危機。她老人家說已將美國的工廠關掉，將經費支援到楠梓工廠，該公司一開始便遭到如此之不利環境打擊，長期將如何是好？張媽媽她問我有什麼好的建議？首先我對她老人家說明，我要以個人朋友的身份提供意見，不能用管理處長的身份表示意見，她表示同意。我便問道：「第一，以目前的經濟市場狀況，公司虧損能否維持二或三年？第二公司是否願意等到有再起來的機會？」張媽媽答道：「維持二或三年沒有問題，我可以將香港那邊的收入挪過來貼，至於將來再起來翻本，當然願意，只不過不知要等多久？」我很謹慎的說：「以我推測，兩年，絕不會超過三年，因為美、日等經濟大國他們比我們更受不了，問題是目前公司接訂單有無困難？」「訂單是有，但單價不好，多接多虧，而且要接什麼都要接，不能只選好的接，否則就不給單。可

是一些零星特別規格的單，又不是我們設備所能生產的，這才是最困擾的問題。」她答道，我想了一下道：「有單總比沒有的好，因為固定成本是必須要開支的，再說在景氣不好時你協助買主解決他的市場供應問題，一旦景氣好轉，對方一定會優先給你機會，可以用互利的條件談判，所以要忍痛的全接，少虧就是盈。至於一些特別的、小的訂單，可設法外包，區內也有好幾家都是同行，他們的接單狀況也不好，可以請他們幫忙，例如建元、高電等公司。我可以打電話請他們協助你。甚至也可以考慮到區外加工，例如到輔導會的IC工廠。」張媽媽聽我分析後很滿意的決定將菲律賓方面的訂單全接過來，果真在區內、外的同行協助下，一批又一批的訂單完成生產交貨。到民國七十五年景氣好轉，由銀行及稅捐單位的資料顯示逐漸轉虧為盈。一日Jason來我辦公室報告景氣已好轉，八個月的時間便將過去虧損的部份全部賺回來了，非常之高興，並表示感謝之意，也因此才能獲准為加工區內第一家股票上市的公司。

四、加入世界加工出口區協會及舉辦一九八九年年會

民國七十四年六月二十七日（1985.6.27）突然接到世界加工出口區協會（Word Export processing Zones Association，簡稱WEPZA）秘書長潘納（TEODORO Q. PENA）來函說明該協會於當年九月十一至十五日將在美國奧納章納州開年會，討論世界各國加工區有關投資，貿易，市場、行政管理、優惠等問題，希望我加工區能派代表參加會議並邀請我國加工區入會為會員。

我加工出口區為世界加工出口區之創始會員國，事因我國退出聯合國後亦退出該組織，於一九八一年在菲律賓召開的年會中，我加工區曾派管理處副處長王達九參加發表專題報告，並瞭解到當時該協會理事會僅同意我以「台灣」名義加入為會員，而其他各國則均以正式國名加入，此項歧視的態度為我所拒絕，而今該協會又主動提出邀我參加，故於回函及往後的討論中特說明過去因未允我以中華民國國名加入而中止，而未來再加入則必須接受我以正式國名加入，且不得有所歧視，甚而對往後中共加入，亦不會對我會籍地位有任何影響，即不會有類似亞銀事件的發生，還特別強調我是否加入該協會都不重要，即使加入亦是貢獻多於獲得，該協會執行秘書波林（Richard L. Bolin），在回函中強調我加工出口區在世界各國加工出口區中最為優秀，成就最大，且為各國學習仿效的對象，如該協會不能有中華民國的加工區加入，該會將失去存在的意義；此外我還要求以「正會員」（Full member）入會，這些問題經過二年多長時間的函件往返及執行秘書波林來我加工區當面溝通，終於在民國七十六年九月十一日（1987.9.11）於聖地亞哥的年會中通過我以中華民國加工出口區正會員入會；在與世界加工區協會協調接洽的過程中，受到經濟部、外交部及行政院李政務委員國鼎等長官們大力支持及指導，才得以獲得最滿意的結果加入世界加工出口區協會，亦為我國第一個以正式國名加入的世界性組織。

　　管理處於民國七十七年（1988）初正式通知申請入會，並於七十七年二月十二日（1988.2.22）函我同意參加一九八八年在哥倫比亞舉行的世界加工區年會，及將在會中發表論文。

我本人率領投資科張福榮兄於民國七十七年十二月五日（1988.12.5）起程前往哥倫比亞巴蘭吉亞（Barranguilla）市參加一九八八年世界加工區年會，同時高雄分處副分處長王季文兄也由瓜地馬拉飛抵巴蘭吉亞市會合參加年會。按王副分處長於民國七十七年（1988）下半年為期半年的時間派駐瓜地馬拉，擔任瓜國副總統賈必歐氏顧問。民國七十七年十二月六日（1988.12.6）抵達巴市次日早餐時，我將爭取一九八九年世界加工區年會在我國召開的信函交給協會執行秘書波林先生，他看到這封信高興不已，並即時轉呈協會理事長潘納先生（兩年前他還是秘書長），九日上午七時召開理事會議，我加工區被列為常務理事，會中的第一議題便是討論我提出申請一九八九年年會，由我加工區主辦在中華民國高雄市召開，我略加說明由我召開一九八九年年會合意後，入會理事代表反應非常熱烈，原已提出申請者有斯里蘭卡及西班牙，在大家熱烈發言之後，主席潘納先生結論，認為如在高雄召開，將會有更多的國家參加，同時聯合國工業發展組織（UNIDO）派來的指導員Mr. peter F. Ryan也表贊同，如是本申請案即時全數通過一九八九年世界加工出口區年會在中華民國高雄市舉行，會中我即時口頭向Mr.peter F. Ryan提出邀請他參加高雄召開的年會，因為他身份特殊，馬上答覆基於政治因素而不能參加，我接口道，將以私人身份邀請參加，他微笑不語，會後將此通過案告知我外交部駐巴市代表，代表十分高興並即時將此決定傳真回國內發佈新聞。

　　由於哥倫比亞氣候炎熱，故大會開幕典禮於七日傍晚七時舉行，八、九兩日開正式大會，會中各國代表及當地參與之官方及

民間人士共計百餘人，兩天大會計發表論文廿多篇，我被排在第二天最後一場演講，其論文題目為「我國加工區成功之道」（The Factors enhancing the success of the Export Processing Zones in the Republic of China），演講完畢各國對我經營之數據成就驚訝讚嘆不已，莫不認為神奇，更促使大家欲來高雄參加一九八九年年會的興趣。

雖然1988年世界加工區年會要到年底才舉行，並預定於會中爭取1989年我主辦權，所以加工區管理處對1989年將在高雄召開年會的籌劃工作卻從1988年9月便開始了，並於十月四日以電話向外交部金次長報告我加入WEPZA經過，及年底參加WEPZA年會並將在會中爭取主辦1989年年會，懇請次長指示？金次長指示，爭取國際會議來我國召開乃政府政策，但對參加開會國家，中共、蘇俄及阿爾巴尼亞不同意入境，應多加注意；正式籌備會議第一次會議於1989年1月9日召開，WEPZA執行秘書波林亦親臨參加研討，對我方研擬計劃非常讚佩，於此次會議中最重要的決議為於開幕式中邀請李資政國鼎、陳部長履安演講致詞，尤其對邀請李資政演講表示莫大的興奮與光榮，至1989年10月12日完成最後一次（第十次）的研討會議，至此時已一切就緒，靜待吉日，佳賓的到來。

預算編列三百萬元之多，我特往行政院主計處當面向于主計長建民報告爭取主辦此次世界加出口區年會的經過及對我國之意義影響，于主計長很高興，非常支持，並指示多花一點錢，讓外國友人多了解我國，多帶他們到全國各地看看，因主計長的支

持，特聘請了台北錫安國際會議顧問有限公司，擔任即期同步翻譯的工作，在陳美琴經理的領軍下，產生了立即效果，使大會生色不少。

大會於七十八年十一月六日（1989.11.6）三時在高雄市國賓大飯店國際廳舉行開幕儀式，會期至九日止，為期四天，參加的國家屬會員國者計二十二國，另非會員國有五國包括了共產國家越南，入會二十七國代表計一二一人，另加國內各貴賓、廠商代表共計達二百多人，盛況空前，為世界加工出口區舉辦年會以來空前熱烈景況，各入會佳賓興奮感動非常！

大會佈置鮮明華麗而莊嚴，尤其在主席台插有中華民國國旗，聯合國工業發展組織旗，WEPZA協會旗，及我加工出口區旗共八面，大會開始由三信高商樂隊吹奏我國國歌，隨後我以主辦國身份致歡迎詞並介紹主席台上各位貴賓，除主席潘納先生外，我方貴賓有李資政國鼎、高雄市長蘇南成、經濟部徐次長國安（代表陳部長），協會方面有聯合國工業發展組織表Mr. Peter. F. Ryan，美國輸出入銀行基辛博士（Dr. Keesing），澳洲大學經濟系教授黑禮（Dr. Healey）博士，在主席及貴賓演講中，李資政的演講題目是：「加工出口區制度的建立及其功能」（The Export procesing Zone-A tool for promoting exports），其演講內容震驚全場，為人讚頌，不愧為世界加工出口之先導，並於大會理事會中一致通過頒贈李資政為「世界加工出口區之父」獎牌一面及書面頌揚賀詞一份，於大會閉幕後由我代表李資政接受；大會研討中心議題為「加工出口區與各國經濟之結合功能（Linkages between EPZS and their national economics）各國代表發表論文達廿多篇，討論十分熱烈，尤其在最後一天的下午，澳洲黑里博士之論文發表以韓國加工區為研究根據，認為加工區對國家經濟發展貢獻不如預期之大，尤其對技術轉移及技術升級可謂沒有績效，而美國輸出入銀行的基辛博士，以我加工區為研究的根據，所得的結論與黑里博士正好相反，不但肯定對國家經濟發展有極大的貢獻，而且技術轉移及技術升級亦有明顯的事實，基辛博士特舉例說明因中華民國加工區的成就而致有以後的中鋼公司的發展，其他國家對加工區的成就亦多持肯定的看法。在討論到難分難解時，離散會還有五分鐘的時間，我舉手表達個人對這個問題的看法，首先聲明我不是來回答任何人的問題，只是就基本理念及實情予以說明供大家參考，第一，之所以要有加工出口區的設立，多在貧窮的未開發或開發中國家，其目的在創造就業機會及創造國家的資本財，所以才會以優惠條件來吸引外來投資，已開發的國家並不一定要設加工區；第二，加工出口區經營是否成功，有賴於各國政府的支持，尤其是法的完善及授權作業，要盡量減少行政干預；第三，勞動力的充沛及教育程度對加工區有直接的影響；第四、鼓勵研究開發以配合國家工業升級的政策，則工業升級自然達成，技術轉移也相對的獲得成效，我將安排參觀我加工區內的高科技及傳統工業工廠供大家實地了解；第五，加工區經營困擾的一項管理工作便是如何防止走私？我們對這項工作作法是在掌握儲運作業，即我加工區由管理處設置儲運中心，負責區內貨物進出的儲運業務，如此便使走私的可能性減少至最低程度；第六，中華

民國加工區的成就是肯定的，一年的營業額達三十多億美元，也因此而發展出新竹科學園區，朝另一個目標邁進。

我這六點報告完後，入會代表一致肯定並獲得大家的明確的認知。第二天到楠梓加工區去參觀，對技術轉移及升級讓大家親眼目睹而證實到我加工區的成功不假，確可做為他們的典範學習對象。

一九八九年為期四天的世界加工出口區年會在熱烈，興奮的氣氛中圓滿閉幕，與會代表一致認為本次大會有以下五項成就：1.參加的國家及人數最多。2.各代表對加工區未來結合當地工業開創利益，獲得一致的共識。3.本次大會為我國做了一次良好、成功的國民外交。4.我國社會的繁榮、經濟的發達、加工出口區的輝煌成就，更進一步獲得世界各國肯定。5.大會氣氛熱烈、井然有序、佈置堂皇，準備充分、工作人員協調一致、服務週到，四天議程幾無瑕疵，為我加工區及國家贏得友邦的友誼、尊敬與榮譽；另大會主席潘納先生還幽默的說：「你們做得太好，我擔心以後別的國家真的難以為繼」，同時他還在記者會上答覆記者如果中共要加入協會，表示歡迎，但對我以中華民國名稱會藉不得提出排擠要求，中共可以廈門或深圳加工區名義入會，如中共要排擠中華民國加工區，世界加工出口區協會將拒絕。

一九八九年世界加工出口區年會在最後一個晚上的惜別酒會中，相互舉杯祝福及一九九〇年巴塞隆納見，在依依不捨離情聲中結束。

五、為加工出口區保留了一套完整的歷史資料

加工出口區到民國七十五年十二月三日（1986.12.3）便是建區二十週年的紀念日，二十年的歲月，是成熟的年齡，也是這個單位年長及年青人交替時刻的開始。為了使它能保留一套完整的資料供後繼者了解、研究，故考慮在老人尚未完全退休之前，研擬著手資料之收集整理。遂於民國七十五年（1986）初在處務會議中要求各單位主管為了慶祝二十週年慶，希望由各主管推動兩件有意義的工作。其一，建區史館；其二，撰寫加工出口區區史。這兩項工作經與副處長、主秘、分處長等研商後，決議將建區史館的工作交由高雄區黃分處長志炯兄負責。而撰寫區史則交由從服中心汪德俊兄執筆，各單位負責資料收集提供。

區史館之建立由高雄分處負責的原因，乃因高雄加工區是第一個加工區，歷史最為悠久。而且黃分處長、梁副分處長樹棟，秘書胡誠可等均為老人，加工區早期的發展，他們都清楚，大部份的早期資料也都在高雄分處存檔。所以在高雄分處有地方可以容納的情況下，區史館便設在高雄分處；按區史館所收集展示的資料，大致可分為三個階段：

1. 早期籌劃階段的資料：於民國五十五年（1966）加工區成立以前約十年中，有關政府各部門國外考察報告，各部會協商研討會議記錄，高雄加工區籌設綱要計劃，加工區成立核准文件，以及政府財經部門及省府單位首長現場勘察照片等。

2. 加工區核准成立階段資料：其資料包括設置管理條例及施行細則，初期人事任免辦法、土地租約、標準廠房工程合約、高雄加工區組織管理條例……等。

3. 高雄加工區開始運作以後之階段：其資料繁多，例如業務會報記錄、外銷事業負責人座談會議記錄、投資案核准記錄之統計、外貿業務統計資料、工商業務記錄、勞工行政檔案、為民服務工作報告、楠梓區及台中區擴區綱要計劃及核准檔案……等，大小事件全部含蓋在內。

由於區史館的建立而將各原始資料全部收集整理展示，否則年久人事全非，將無人了解加工區創建發展之由來，豈不憾哉！

加工區區史之撰寫，其目的在更進一層，請曾參與建加工區而尚在管理處工作的老同仁們，就區史館所收集到的全部資料及就記憶所及的一些經驗，盡可能的以文字表達撰寫成冊，作為日後研究者的第一部最真實直接的文字記錄參考資料；本書撰寫的工作交由從業人員服務中心（簡稱從服中心）汪德俊兄主筆，汪兄從民國七十五年四月（1986.4）開始規劃到民國七十六年二月（1987.2）完成初稿。並將初稿呈請加工區之父李政務委員國鼎，經濟部吳次長梅村核閱以及分送管理處各單位主管審訂。最後於民國七十六年五月二十二日（1987.5.22）由我本人召集全處主管共同綜合審訂，並決議以《中華民國加工出口區創立與發展》為本書名。至民國七十六年八月（1987.8）編印成冊出版，並免費贈送世界各大學或圖書館供作研究之參考，日本交流協會興緻頗大，要了五本參考研究，本書共分為八章：

第一章　緒　言

第二章　加工出口區建成二十年來之實績

第三章　加工出口區構想之形成

第四章　加工出口區創設經過

第五章　加工出口區的發展

第六章　加工出口區的特色

第七章　加工出口區各種組織機構

第八章　加工出口區的未來

　　從這八章的標題已可了然加工區之全貌內涵，此一不朽之著作留給後人無限的追思。它記錄了中華民國在台灣地區因加工出口區之貢獻，至經濟得以澎勃發展起飛而立足於世界經濟大國之林，更是我國五千年來最富有的年代，加工區引以為傲和欣慰，此巨冊將留芳千秋！

於離職前的歡送酒會與新任汪處長夫婦（左）、張主任秘書（右）及秘書曾嬿瑩小姐合影留念

文化交流訪美期間至奧利桑納州立大學對國際貿易研究所三十多位學生演講，介紹台灣經濟發展及加工區

1990年4月2日由王建宣次長主持監交典禮

離職交接結束後，新任汪處長送我離開加工區

1987年擔任管科會高雄分會理事長時主持台灣經濟建設座談會時留影

1990年4月2日辭去加工出口區管理處長時於歡送酒會中留影

應AIT邀請文化交流訪美一個月，美政府派一退休外交官Mr. Edward J Conlon陪同訪問

1984年3月17至26日應邀訪問與我結為姊妹區的澳洲達爾文加工區，與該區處長Mr. Ray Mchenery（左一）及達爾文市工業發展部長合影留念

1990年4月2日辭去加工區處長時與秘書曾嬿瑩小姐合影留念

1985年7月15日美國程序控制設備展在加工出口區內展出，與美國在台協會宋賀德處長共同剪彩留影

1985年7月15日美國程序控制設備發展在加工區展出，參觀來賓踴躍，圖中為中鋼公司傅次韓董事長

伍、非體制內交誼事項的處理

　　加工出口區的業務繁也多，有小行政院的工作能量，身為管理處處長，自然要費甚大的心力才能將業務做好，除了前四節體制內的正規工作外，也有非體制內而需配合其他單位交誼的事項處理，概要列舉以下數項說明參考：

一、擔任管理科學學會高雄分會理事長

　　中華民國管理科學學會於民國七十二年（1983）計劃在南部成立分會，由中鋼負責籌備，於民國七十三年三月十六日（1984.3.16）正式成立高雄分會，由傅次韓、陳樹勛、陳俊德（以上均為中鋼主管），江家晉（台機），余光亞（加工區管理處），陳忠忱（中鋼結構），李賢武（台糖高雄區經理）……等四十二位高雄地區公民營企業界及機關，學校人士發起籌設，並於該年七月十四日正式成立，其第一屆當選理事有傅次韓、余光亞、嚴雋泰等二十一位，當選監事有翟宗泉、陳樹勛等七位，由理監事公推傅次韓先生為第一屆理事長，黃清連先生為總幹事，民國七十四年（1985）第二屆仍由傅次韓先生連任理事長，民國七十四年（1985）下半年傅先生因工作調台北台電公司董事長，其理事長委由陳俊德先生代理，至民國七十五年（1986）改選理監事，由本人

榮任第三屆及第四屆理事長，總幹事先後由陳偉亞先生，李水火先生及薛梅君小姐擔任，民國七十五年（1986）下半年與偉亞兄研討於工作委員會中成立獎學金委員會，籌募獎學金基金，每年以孳息發放獎學金，此一構想提分會理監事會議討論，決議辦理，其設置獎學金的基本原則，以台灣南部地區（即嘉義以南）各大學管理學院之研究生為發給對象，乃因大學部為基礎教育，而研究所將可有效貢獻於企業界，對企業界將有較實際的幫助，又其名額暫定為十名，每名新台幣貳萬元，此數對得獎學生亦有實質的幫助，本獎學金設置案成立獎學金委員會，由余光亞、陳樹勛、陳麗常等九位理監事擔任委員，我本人為主任委員，委員會的首要工作在研擬「中華民國管理科學學會高雄市分會設置管理學術獎學金辦法」及募款作業。從民國七十五年至八十年（1986至1991）間共募得獎學金基金達新台幣三百萬元之多，並自民國七十七學年（1988）度開始接受南部具有管理學院研究所之各大學同學申請，經聘請中山大學、成功大學教授及獎學金委員會委員評核確定後，於管科會年會中頒發，並特邀請當年捐款人參加年會頒發儀式及致贈感謝牌感謝，自民國七十七年至八十年四年（1988至1991）中已有八十位研究生得到此項獎學金；此項獎學金之設置，加惠學子，個人深感無比欣慰與高興。

二、舉辦台灣經濟建設座談會

民國七十六年（1987）為國際貿易多事之秋的一年，例如日本被雷根政府加重關稅而不得不對美開放市場，降低進口關稅，甚

而日幣被迫升值，我國也受到類似的壓力，新台幣大量升值，以後又要求市場開放談判，廠商各方反應相當激烈，在我辦公室或公共場所，經常有廠商老闆或負責人向我表示意見，同時在管科會分會各會員也多以當前經濟現況為主要話題，台灣新聞報社社長葉建麗兄也是本管科分會的理事，有感於當前國家經濟所受到國際壓力，於管科會理監會議中，同意該報社與管科會共同舉辦議題為「台灣經濟建設座談會」，廣邀各方具有代表性人士、單位參加座談，例如日本交流協會、國貿局高雄分處、高雄市政府、管科會高雄分會各位理監事、新聞報負責人、記者等，研討會於民國七十六年五月三日（1987.5.3）上午十時在中信飯店舉行，到會人員有新聞報社葉社長建麗，中山大學企管所劉維琪所長，成功大學工管所徐強所長，中鋼公司金懋暉董事長，華泰電子公司杜俊元董事長，高雄中小企業銀行陳麗常經理，AIT高雄分處經濟組葛瑞風組長，高雄市政府建設局黃麟翔局長，國貿局高雄辦事處趙永和處長等廿多位，發言非常踴躍，其發言內容多集中新台幣升值，對我國中小企業所造成的衝擊難以為繼，但中美逆差非一時能解決，以至台幣升值也不會中止，台灣市場太小，即使關稅繼續降低，在美商興趣不大的狀況下，也很難有助於中美逆差的改善，當然我國貿易商應大量自美國進口，又市場分散雖已開始進行，但速度很緩慢，故民間應配合政策多自美國採購；另外，國內游資充斥，造成股市不正常，建議國營事業夠資格上市者應盡量上市，使游資有一正確的走向；AIT高瑞風組長表達美國政府的意向立場，強調對不公平貿易國將採取報復措施，例如最近日本遭到加重進口關稅懲罰，美國市場是

全面開放的，因而造成失業率的增加，以致美國民眾要求以保護方式來維持生計，最後希望台灣的商界人士多了解美國政策的大幅轉變，對不公平貿易的國家，不是經由談判就是採取報復的手段，所以，美國對中華民國貿易政策取決於台灣對美貿易的實際行動，最後我簡短的結語：「中美貿易逆差雙方面應該很誠懇相互溝通談判，從各種不同的角度、層次來處理，用報復手段絕非是最佳的解決途徑，同時也希望美國友人從多方面了解中華民國人民的特性，彼此以誠懇的態度相互處理，是為上策」。

座談會在和諧嚴謹的氣氛熱烈的發言中，順利完成，會後媒體廣為報導座談會的內容，受到社會各方良好的反應，甚而與會貴賓中如中鋼金董事長以後見面時還再度提到本次座談會至為成功，有很大的意義的談話。

三、協助AIT在高雄舉辦美商程序控制設備展

民國七十四年七月（1985.7）初，美國在台協會（AIT）在台北舉辦美商程序控制設備展，展出效果頗讓AIT失望。AIT認為，台灣的經濟發展已接近已開發的國家，工業發展一日千里，台北又是台灣的重心所在地，人口達二百多萬人，商業蓬勃興隆，但卻未料到展出效果非常之不理想，令其失望，而百思不得其解。

一日美國在台協會高雄市分會處長（Mr. John A. Froebe, Jr）佛拉比先生請我在國賓大飯店吃飯而談到此問題，好生奇怪，不知其所以然。我了解後，大膽的向他提出建議，將程序控制展移來高雄

展示，他大為吃驚，認為那是在自找麻煩。我即時分析給他聽，我說：「處長，你要了解程序控制設備是生產線上要用的設備，誰最了解這些設備？最需要這些設備？工程師；誰有能力和權要求採購設備？總工程師、廠長。而工程師、廠長都在工廠，台灣絕大部份的大公司工廠都設在南部，尤其是在高雄。高雄是工業城，而台北是政治、文化、商業中心，各公司的董事長、總經理都在台北，他們對設備展並沒有興趣，也不懂，當然不知道工廠有無需要。因此展出的效果不好，是必然的現象。相反的，到高雄展出就會受到真正需要的人的歡迎，效果必然會好！」佛拉比處長聽完我的分析認為很有道，但仍表現出一些猶豫，因為辦一次展覽會除了各廠家的設備運輸及人事費外，還要擔負場地租金及水電費，這是一筆不小的金額！如是他請我協助解決在高雄展出場地的問題。為了加強中美關係及新科技的引進，我慨允提供加工區從業人員服務中心的大會議室使用，不收租金，只收水電費。佛接比處長很興奮的將此討論結果向台北AIT報告，台北方面欣然的同意，於七月十五日將各參展廠商移師南下到加工區展示。

民國七十四年七月十五日（1985.7.15）早上九時展示正式開幕，由AIT台北辦事處宋賀德處長與我共同剪綵啟幕。當日參加的人數及單位眾多，各國營事業的負責人及工程師都到了；民間大企業來參觀的更多，第一天的盛況，使佛拉比處長放下心來。尤其第一天就在現場接受了約三百萬美元的訂單，使AIT的每一位人員都喜不自勝，不斷的向我致謝。展出時間共三天，其收穫比在台北半個月要豐富得多。展出完畢後，AIT給佛拉比處長記功獎勵。不用

說，佛拉比處長對我是感激不盡，甚而以AIT的名義邀請我訪問美國一個月，可惜我因公不克接受；到佛拉比任期屆滿調中國大陸瀋陽後，繼任的高處長，一上任便來拜訪我，他告訴我，佛拉比將我與他之間的交誼記錄甚詳，所以第一個就來拜訪我，希望我以後也能多給他協助。

四、接受美國在台協會（AIT）文化交流邀訪

中美兩國斷交以後，在政治、外交的微妙關係上，以文化及經貿交流，使其日益密切，更朝向新紀元合作的關係發展，民間與政府間彼此相互了解，溝通便為極其重要的課題。因而美國在我國以不定期選擇性的邀請我國民間各界精英及政府年青優秀公務人員訪問美國各界，我本人即為應邀訪者之一。

民國七十四年（1985）底，AIT高雄分處佛拉比處長因我協助AIT在高雄舉辦美商程序設備展成功，為表達謝意而以AIT名義邀請我以文化交流訪問美國一個月，惟因我工作不克接受而挽謝，到佛拉比處長調升到中國瀋陽工作，繼任者為高施米史（Gold Smith）處長，他的中文會話甚佳，而且台語、廣東話都行，他到任後第一個拜訪的單位便是加工出口區管理處，他來看我，特別提到我對佛拉比處長的協助，也希望我同樣的協助他，所以此後彼此交誼甚篤，尤其在他任內的數年中，我國各項公職選舉頻繁，特別是中央民代及地方縣市長選舉，彼此多次坦誠交換意見及陳述不同觀點，故他深深感受我對他在了解我國民情及政情方面有所幫

助，亦確認為我是他美國摯友，所以在民國七十五年九月十六日（1986.9.16）來函以文化交流方式邀請本人訪問美國一個月的時間，經呈報經濟部核准，並經我提出將訪問的主要課題及對象，再由美國政府擬訂全程訪問節目，遂於民國七十六年三月二十八日（1987.3.18）起程至四月二十八日返國，為期三十天的邀訪日程。

訪問概括分為三大部份，其一，在華盛頓D.C拜訪美國中央政府各經貿單位，交換意見；其二，訪問與我加工區有關的自由貿易區，了解其運作情形；其三，訪問工廠，以各大汽車工廠為主。訪問日程所到達的地區計有八個鎮市，即華盛頓D.C，克里福蘭，底特律，Flagstaff，Elpaso，洛杉磯，舊金山及夏威夷等，在訪問行程中，由美國政府指派一位退休外交人員Mr. edward J. conlon陪伴同行，負責一切聯繫接洽的工作，使訪問順利完成。以下為訪問了解之情形概略說明：

（一）訪問各經貿單位了解之重點：

1. 美國希望輸出更多的農產品到我國市場。

2. 輸美紡織品對我設限，此乃因我國為歷年來輸美紡織品最多的國家，一九八六年我國輸美紡織品金額達十七億一仟多萬美元，中國亦高達十五億八仟多萬美元。我國較前一年成長百分之〇·七五，中國成長高達百分之六二·七三，但我仍為世界各國輸美最多之國家，故而要對我設限。

3. 國際貿易組的主要工作，在對傾銷案、不公平交易案及專利權案作世界性的調查審議，其審議結果逕呈白宮副總統或總

統參考裁決，按一九八六年統計資料，反傾銷案及不公平交
易案，以日本佔最高比例，違反專利權案則以我國佔最高
比率。

（二）訪問外國貿易區了解之重點：

美國不稱自由區，亦不稱加工區，而稱外國貿易區（Foreign
Trade Zone），在華府國際貿易處下設外國貿易區室，為設立外國
貿易區之決策單位，全美國共設有一百三十三個區，若由於地區
性的需要，可由當地政府與外國貿易區研究設分區（Sub Foreign
Trade Zone），按外國貿易區的特性功能僅限於倉儲，轉運為主要
業務，對就業機會及產出利益極少，而分區性質相當於我國的保稅
工廠，以生產為主，且多以吸引外國投資為對象，對就業機會幫助
極大，全國共有分區計九十六個；由於外國貿易區的實際貢獻不
大，美政府已決定自一九八六年起不准再增設外國貿易區。

（三）訪問工廠

計訪問了TRW公司，福特汽車公司，G. M汽車公司，新聯合
汽車公司等四家。

1. TRW公司為國際性經營的電子公司，在我國設有分公司，
在我加工區內也設有「天合電子公司」，唯開工不及一年，
適逢經濟不景氣而關閉。故特安排拜訪，以了解為何關廠的
真正原因，所得到的答案是「基於市場導向」，而遷往中國
大陸設廠。

2. 福特汽車公司訪問的目的，因該公司在我國設有分公司，希能在我國擴大汽車零件生產，回銷美國，並在我國培植衛星工廠，共創利益、互惠。

3. G. M汽車公司訪問的目的，希望該公司比照福特公司來我國投資，並培植衛星工廠，生產零件回銷美國，但該公司堅稱在我國沒有市場，所以暫不考慮投資，而零件供應，我國多為中小企業，規模不夠大，且品質不穩定，所以不願下單。

4. 新聯合汽車公司設在舊金山奧克蘭市郊，為奧克蘭外國貿易區之分區，此分區為美國國際貿易區室最滿意的一區，特安排參觀。該汽車公司是G. M與Toyota兩大汽車公司共同投資成立的小轎車製造廠，年產三十萬輛，設有全自動的車體生產線及完整的全車裝配線，唯百分之六十的主件由日本直接供應，當地所能提供的零件有限，另一最大特色是採取日本式的管理，業績甚佳，研判所能帶給美國的最大利益是就業機會，在座談會中該廠負責人強調無勞資糾紛而自豪，會後得知乃就業機會所致，即美國人當前強調的工作權問題。

綜觀美國二次世界大戰後得天獨厚的優越條件，使美國富甲天下，而三十年的演變，未開發及開發中的國家，一個個努力不懈的進步，高科技的發展如德、日等國超前，鋼鐵、汽車傳統重工業為日本所取代，同時中、韓亦迎頭趕上，而傳統輕工業更全由中、韓等國取代。美國二次大戰後的龐大生產力轉向舒適而無根的服務業發展，最後落得人民大量失業。一九八六年官方報導的失業率為百分之六‧七，而所到之處聽到的數據在百分之十左右，可見其嚴

重性。因而「工作權」在當時的美國人民心目中確有其重要性，而使工會力量為之遜色，畢竟民以食為天；另外，美國在鄰國邊境大量建設自由貿易區（不同與國際貿易區）其目的在防止大批鄰國人民偷渡到美國工作，影響美國人的工作權。尤其在美墨邊境，自由區可帶給墨西哥人收入，改善經濟條件，則可防止第二個古巴之出現。美國政府也算用心良苦，另值得一提者是在訪問北澳納章納州立大學及夏威夷大學時，與該兩校的教授、學生以及工商企業界座談或演講討論會時，我盡可能的介紹了台灣的政經發展，加工區的績效功能，以及對研究生比較當時台灣與大陸實質情況，甚受歡迎讚譽，尤其在與北澳納章納州立大學國際貿易班討論會上，除了我約一小時的演講外，班上同學將近問了三十多個問題，我一一給他們滿意的答覆。會後有兩位台灣去的研究生興奮得不得了，因為國內去訪問的人從來沒有如此廣泛的與他們直接研討過，而介紹得那麼深入，我亦深感榮幸，證實這一次的國民外交是成功的。

五、應邀參加美南科學工程技術研討會

　　民國七十四年五月應「美國南部建國學術聯誼會」的邀請參加該會所舉辦之科學、工程，技術研討會，地點在休士頓，時間從民國七十四年五月二十五日至二十八日（1985.5.25-28）計四天。其中二十五、二十六兩日為大會及分組討論會議，二十七、二十八兩日為參觀及工廠訪問；國內應邀的單位有政府有關單位，如研考會、經建會、交通部、經濟部等。學術機構如中央研究院、中山科

學院、工技院、各公私立大學等。醫療單位有榮民總醫院、台大醫院、三軍總醫院等，經濟部所屬國營事業有台電、台機、中油、中鋼等公司，其他如婦女團體中華女商會，科學園區及加工區亦受到邀請。總共受邀的單位達三十餘單位，人數多達八十餘人。會中還特別邀請太空人王贛駿博士及陳李婉若市長為貴賓在大會中演講，其盛會規模甚為壯觀、熱鬧。

研究會除大會外，共分為電力、化學、機械、經濟財政、電腦、管理、醫療、教育等三十七個小組，進行分組討論。加工區參加經濟及財政B-9小組討論，此小組有加工區，台大等五個單位人員發表論文計六篇。加工區由我本人與高雄加工區之中國國際商業銀行經理胡勝益兄共同發表「國際貿易與經濟發展──中華民國台灣加工出口區之發展與轉變」論文，胡兄講解理論部份，我則將加工區近二十年來之實務配合說明、證實；在理論部份以相對利益為基礎，很容易為大家所理解。而當我介紹到加工區的環境、法規優惠條件及實際運作績效時，大家才恍然了解加工區之貢獻及對國家經濟發展之重要性，也才了然科學園區之由來，當我用投影片及書面資料說明完畢後，美中國建學術聯誼會會長劉本傑教授即時將我拉到會場外問了很多問題，並邀請我參加一週後在芝加哥舉行的美中科學、工程、技術研討會。很遺憾的，我因行程均已排妥，未便修改而辭謝不能參加，惟允諾次年一定參加。

陸、後話

　　台灣加工出口區是中華民國五十年（1960年代）代發展經濟、建設基礎工業的睿智政策，因為它的功能有利於國計民生，也確實做到這項功能的最高成就而蜚聲中外、美譽國際，為世界各未開發及開發中國家所學習仿效的楷模，產生了擴散的效應，此乃加工出口區歷任主事者及全體管理處同仁以及區內所有投資廠商與區內數萬員工所共同努力貢獻而累積的成就，我本人有幸接任了加工出口區第五任處長，以一個「完全的加工區人」，兢兢業業，如履薄冰，劍及履及的勇往直前，突破逆境，而至振衰起敝，使加工出口區「又復活了」，邁向新階段的開始，而至加工出口區在民國七十八年十一月六日至九日（1989.11.6-9）為期四天在高雄舉辦世界加工出口區年會順利完成之後的次月，經濟部陳部長因公南下在高雄圓山飯店召見了解加工區業務，因在世界加工出口區年會中，部長未親自出席而是由徐國安次長代表，故我假此機會當面向陳部長報告舉辦世界加工出口區年會成功盛況情形，並特別提到世界加工出口區協會理事會中，主動提出對李國鼎資政的表揚，並通過尊稱李資政為「世界加工出口區之父」的榮銜，及頒發正式書面賀詞及獎牌，突然間，陳部長右手用力拍打沙發的右扶手，上身幾乎站起來，面色凝重，忿然厲聲道：「你知道他們有多狠嗎？他有多少個世界之父了嗎？」這突如其來的情緒變化，我一時不知所措，無

從回答，坐在我對面機要秘書，也茫然說不出一句話，三人沉寂片刻，我起身告辭離去，在回到辦公室的路上，我一直想是何原故讓部長如此生氣，從語氣中似乎含有個人因素在內，我所報告的是公事，即便有個人因素也不應該如此發作，真是不可思議，事後我將此一情形稟告一位長輩長官，長官不語，夫人則以推測的語氣說：「這可能是陳與×兩家恩怨有關，李與×家親近，加上李的風頭太健，所以陳才會對你的作為表達忿怒的情緒」，即便如此，我是為國家做事，不為那個人做事，沒有道理對我作如此不合情理忿怒的表達，我也不認同一位部長級的政治人物有如此差的修養，此事不由得我不耿耿於懷，卻未對處內任何人提起，直到現在，除了那位長輩長官之外，在加工區內及外界也沒有任何人知道此事的發生。

李資政為國之重巨，豐功偉績，畢生心力，貢獻國家社會，為世人所敬重推崇，加工區為李資政精心創設，享譽中外，故關注特深，對我個人亦愛屋及烏，關愛有加，不時耳提面命，使我對加工區的重任得以順利推動、執行，所以在李資政病逝後的追悼禮拜上，各界隆重而哀戚的悼念一代偉人的凋謝，我個人更是感念尤深，而撰文「李資政國鼎與加工區之創設——悼念一代偉人的殞落」悼念之！（附錄一）該文有幸為國史館納編在「中華民國褒揚令集」（十）集中，列為國家永久史料參考，亦為我個人最大之榮幸！

次年民國七十九年（1990）初，春節過後，老友彥武鋼鐵公司姚武年董事長突然到家裡來拜訪，談到彥武公司當前的業績發展，年營業額已達到新台幣二十億元，公司規模愈來愈大，他自己有力所不逮的感覺，需要懂得管理的人幫忙，他希望我能離開公職到他

公司幫忙，我笑笑的告訴他不可能。半個月後，他打電話給我請我認真的考慮，並提出優渥的條件，我還是委婉謝絕了。到三月上旬，姚董事長未經事前約定便直接到我辦公室來當面懇談，在談話的最後，他幾乎用哀求的語氣，將我的軍說：「老余，你是不是看不起我這個沒有讀什麼書的人，不願意幫我的忙？老實說，我養得起你，只要你幫我對整體管理方面幫忙就可以了，其他一般的事情不要你做，務必看在老朋友的份上來幫我的忙」。他的盛情，誠懇的態度，我心領了，這次我沒有拒絕，但也沒有答應，只說再考慮。

　　姚董事長之所以為老友，乃因十年前我曾為他老的《宗興鐵工廠》提供改善建議，隨後又為他設計過一部縮管機（Swaging Machine），因為這部機器他賺了很多錢，所以才有當前彥武鋼鐵公司的發展；我回家將姚董事長懇切的誠意邀請與內人商量，也稟告家父聽取意見，同時我也考慮到家庭的經濟狀況，小孩長大了，經濟負擔日益沉重，確實也有需要改善經濟能力的必要，所以經得父親及內人的同意，尤其加上對陳部長耿耿於懷的心結，我便下定決心應老友誠懇的邀請而到彥武公司服務，故遂於三月下旬我親自拿著辭職報告到次長、部長室請辭。到此時，處內尚無一人知道我要辭職了，所以部人（二）室主任對處人（二）室主任嚴加申斥：「你的老闆都要跑了，你還不知道」，實在是我決定得倉促，也怕事先走漏風聲造成困擾，所以在處內誰也沒有預先告知；三月底政務次長王建宣召見談話：「光亞兄，你辭職是否有什麼不愉快的事情影響？如果有，那就不太好了！」「報告次長，沒有，完全是我個人經濟的因素考量」我答道，王次長又說：「那就好，說實在

的，一毛錢逼死英雄漢，你找到自己的發展也很好」，我道謝辭別次長回到高雄，暗自好笑，王次長如此的問話，不就是陳部長的心障麼？難怪當我向部長辭行時，希望藉此機會說清楚時，部長不讓我說，起身送客。在決定辭職時我已了解將損失退休金，故我在離職之前，向經濟部提出申請資遣費，徐次長打電話給我說：「光亞，中央政府一級主管辦資遣，不洽當吧！」「好吧！那就算了。」我勉強的答道，所以我服務經濟部公職廿多年是一無所有，也罷，既道不同，當然不相為謀，也就不計較了！

　　民國七十九年四月二日（1990.4.2）早上十時王次長主持交接儀式，由我推薦的汪桂生副處長接任處長，交接完畢，我高高興興的坐車到彥武公司報到，從此離開約卅年的公職生涯。然而我對加工區並不因離開而漠不關心，反而更為關注，而且關注的領域也不僅只限於台灣加工出口區，更涉及到中國出口加工區及世界各國加工區的發展，只是多一份對我加工出口區成功的期盼，所以在我加工出口區即將邁入五十週年慶時，回溯從建區、成長、茁壯，乃至發生擴散效應，傲視全球，我個人均曾以加工區之一員老兵參與，而深感慶幸與驕傲，故而切盼及祝福我加工出口區百尺竿頭，更進一步，繼續朝向另一個五十年邁進。

　　至此尚需提及的一段小插曲，即是早在民國七十四年五月（1985.5）參加美南科學工程技術研討會時，我人在美國休士頓開會及吸引投資，待我於五月底回國，到經濟部銷假時，部人事處涂應祥處長特別告訴我，國軍退伍軍人輔導會（簡稱輔導會）鄭為元主任委員向經濟部要人，希望經濟部推薦一位懂國際事務，有外語

（英語）能力及了解事業單位發展的人，接輔導會第五處處長，當時吳梅村次長便推荐我去接任，吳次長所持理由，一、我完全符合鄭主委要求的條件，二、我原是軍人出身，更能配合輔導會組織特性；但當時我人在國外，輔導會的人事部門要求經濟部人事處將我的行程告訴他們，輔導會派專人到國外與我見面洽談，但經濟部人事處涂處長，不願意放我離開經濟部，婉轉的拒絕了，故在我回國還未見到部、次長之前先告訴我這段過程，以利應變，並強調了一句話「我不會把人才隨便讓出去的」，我非常感謝涂處長的盛情及處置，否則我真的會很為難；不久之後，見到我的老長官，老學長，也是恩師的台灣機械公司雷董事長少平公，他告訴我，輔導會的多位老學長，老長官對我不接受輔導會第五處處長職務，非常不能諒解，少平公對他們解釋「換了我是余光亞，也不會答應，因為經濟部的發展機會要比輔導會大多了」，因此這一段人事變動案總算聞風不動的過去了。如果當時我接受調輔導會接第五處處長，也就不會有五年後提辭呈離開經濟部公職的情事發生，也不會影響退休金而苦了晚年的生活，想想人生之無常，際遇，不勝唏噓！

　　辭去公職，離別加工出口區管理處，驅車逕往彥武公司報到，接任副董事長職；而未接受日月光公司張媽媽的安排，接任該公司董事長職，但張媽媽並未放過我，甚而請出某退休大使，促我接受其懇切邀請，終於在彥武公司服務三年半之後，接受張媽媽盛情，到日月光集團公司，中國宏景公司擔任副董事長，負責中國溫州開發工程，隨後因父母年邁而離職回台；另於此期間，楠梓電子公司吳禮淦董事長，應中國特區辦之託，邀我往中國大陸，協助其「出

口加工區」的發展，承吳董事長盛情關注，安排擔任楠梓集團公司，昆山子公司的顧問及大力支助，因而得有機會走訪中國各地，享受人生晚年豐華，何其快哉！

第四章

行走四海，放眼看天下

作者(中)代表東帝士與中國攀枝花鋼鐵公司研設400萬噸一貫作業大鋼廠，與攀鋼蘇志忠副總工程師(右)勘察預定廠址留影

2005年於南京東南大學與該校李永泰主任於校內留影

2005年於東南大學大門前留影

籌建400萬噸一貫作業大鋼廠，與攀鋼副總等研討規劃會議

2005年於南京東南大學台灣研究所演講，與該所李廉水所長及主任合影留念

1999年主持亞洲生產力中心主辦之加工出口區及科學園區評鑑會議，與部分參加國代表合影留念

2005年於南京東南大學演講留影

2005年參觀原中華民國南京總統府於孫中山臨時大總統府辦公室前留影

我尚在襁褓之年便離鄉背景躲避時難，小學求學在隨父母遊走江河大海中斷續進行，直至到達台灣安定後才順利完成中、大學教育。

民國四十五年六月（1956.6）高中畢業，九月到軍校兵工工程學院報到入學，成為正式的軍人，也從此離開了父母溫暖的家，開始步入人生的起點，四年半的軍校生活很快的過去，民國五十年二月（1961.2）便畢業了，同學們分發到部隊或各軍事單位工作，從這一刻起，我真正的踏入了社會，成為一個職業軍人，也自此時起，行走在人海各方，自我學習、累積經驗、體認人生的冷暖炎涼。

一、我所經歷過的職場

在工作的生涯裡，我走過三種職場，軍中、公務員、及民間企業，三種職場中走得也算單純。軍中只有服務在飛彈部隊，及聯勤第六十兵工廠；公務員也只在中國鋼鐵公司及加工出口區管理處；民間企業則略多一些，如彥武鋼鐵公司、日月光集團公司、東帝士集團公司、飛信半導體股份有限公司、楠梓電子股份有限公司，另還短時間服務於國外的新加坡CIS（Charter Industry of Singapore）公司等；在這些不同的單位工作上有一共同點，即我每到一個單位，不是遇到新案開發，新公司創設，就是老案重整，幾乎未遇到過正常業務執行的工作。例如，第一份工作分派到飛彈六六二營，便遇到新營成立，即時接受赴美國受訓，回國後裝備安裝、測試、在職訓練、擔任戰備；六年半之後調職聯勤第六十兵工廠，報到後

馬上分派到建新十二案工作，擔任新武器研發設計及生產製造的工作；退伍後，進入中國鋼鐵公司，又碰到中鋼新建廠、訓練及設備安裝試車生產，即使短時間調中鋼結構公司服務，也是擔任重整的任務；中鋼工作十年後調加工出口區管理處工作，卻碰到加工出口區最低迷的時期，要負擔起重整、振衰起敝的任務；到了民間企業，彥武公司參與擴建新廠及原公司需建立經營管理制度；日月光公司派往大陸溫州發展；東帝士公司在大陸攀枝花計劃籌建四百萬頓一貫作業大鋼廠，由我負責規劃執行；飛信半導體為新創設的高科技公司，萬分感謝老友黃貴洲總經理聘為公司顧問，即便是最後從飛信公司退休回家，萬分喜悅的接受接踵而至的外孫及內孫的到來，便主動和被動的肩負起協助褓姆的工作，這項工作比上班還要辛苦。這樣的際遇，在絕大多數的人，畢其一生也不一定有可能遇到一次的機緣，而我則每踏出一步，都是投入在這少有的機會中，不能不說是我的幸運，極其幸運！

二、因工作需要，行走各國各地

就因為這樣的機緣，工作的需要，必然會出現一些機會要到國內外公出，行走，即便是完全離開職場後的行走海外，也都是為友邦、友人而忙，忙於事務的處理，而無閑暇旅遊的機會，真乃命苦！在各地行走，也多所見聞，增長閱歷，可謂行萬里路，讀萬卷書，對自己見識長進頗豐，收益不少。茲就記憶所及，簡要的記述所到之處的印象和感想：

1.多次美國差旅感受

我的第一份工作，在民國五十年派職到飛彈六六二營，五十一年底（1962）即派往美國德州EL PASO市的飛彈防空學校受訓一年，對美國開始有了初步的認識、了解，初步印象非常之好。

民國六十四年五月二十日（1975.5.20）到中鋼公司報到，隨後因在新建廠完成之前，適有機會派往美國鋼鐵公司學習，在飛彈六六二營及中鋼前後兩次到美國受訓，所感受到美國相隔十五年的社會，民風變化之大，非親身經歷過的人是無法想像其差異的程度。記憶中，一九六二、一九六三年的美國，當時社會十分安定、平和，人民熱心助人、有禮、誠信、守法，普遍環境整齊清潔、優美，記得有一天下午，我從住所Holiday Inn走路到工廠（美鋼的Lorain Works），途中有一位年輕黑人開車路過身邊，停車問我去那裡？願意送我過去，其態度非常誠懇、親切，我欣然接受他的盛情上車，由他送我到Lorain Works的廠房大門口，我謝過後，他愉快的開車走了；好可愛的畫面，沒有絲毫對黑人的恐懼感，此一現象時有可見。而十五年後再去美國受訓，美國友人一再告戒不可隨便搭便車，也不可輕易幫人忙，有一次在底特律，接受Home Stay家庭的招待，主人再三交待不可一個人晚上上街，更不可以夜行在路上；還有一次到支加哥，一下飛機便由學長夫婦開車來接我，上車後，學嫂即時將車門鎖好，車窗玻璃全關好，很緊張的神情說：「這不是開玩笑的，隨時有被搶的可能，我們趕快回家吧！」真不可思議。如今的美國怎麼會變成這麼可怕？

民國七十四年五月（1985.5）美南科學工程技術研討會，由美國南部國建學術聯誼會邀請在休士頓開會共四天，國內應邀單位很多，加工出口區管理處也是應邀之一，經部長核定由我本人代表參加，並與區內的中國國際商業銀行分行經理胡勝益兄共同發表「國際貿易與經濟發展──中華民國台灣加工出口區之發展與轉變」，會中情形不予贅述。我利用此行於會後安排廠商訪問，吸引投資，由中國國際商銀休士頓經理安排並陪同拜訪，所到之處，只見市容蕭條，尤其經過黑人居住區時，車子開得飛快，疾馳而過，因為黑人區隨時會有遇到襲擊的可能，當然環境更是髒亂不堪；所拜訪的公司、工廠，業務下降，經多方了解，休士頓原為石油化學工業城，因石油產量下降，石化工廠關閉了很多，失業人數相對增加，空房很多，房價嚴重下跌，外地人在休士頓租房子，可以免費住一個月，同時承租人的搬家費也由房東出，此可見經濟不景氣的嚴重性，對我去吸引投資的機會則完全沒，失望而返。

　　民國七十五年九月十六日（1986.9.16）美國在台協會來函邀請我訪美國一個月，經部長核可後，我於民國七十六年三月二十八日至四月二十八日（1987.3.28～4.28）訪問美國一個月，由美東華盛頓開始往西走，到夏威夷最後一站結束回國，所得到的綜合印象，除公事部份外，美國整體的國力仍是世界第一超強，雖然經濟不景氣影響全球，也波及美國，但美國畢竟還是經濟大國不致影響民生生計。她擁有全世界品質最好、價格最低廉的各項產品供應市場，為國民所享用，但在另一方面，她國內的治安，黑人社會問題依舊困擾不已，在安排訪問EL PASO市的德州大學分校教授時，在

教授家晚餐，並由另兩位教授作陪，當談到治安時，教授們一致的反應是社會之癌，無能為力；談到教學，他們表示台灣的學生不如以前的用功，而大陸的學生，有很好的，也有頭痛的，那些頭痛的學生，功課當然不會好，但他們很會狡辯；在感受美國政府官員的執政能力方面，他們的整體規劃及守法的精神是令人佩服的；在經濟方面與加工區有關的部份則乏善可陳，因為他們的重點放在自由貿易區；至於開放市場，公平交易及自由貿易方面，對紡品配額的部份，我曾訪問貿易部負責紡品配額的官員，她從電腦打出來的資料，顯示當年我國配額的增加不到一個百分點，而中國大陸則達到一倍之多，當時我提出異議，該官員的答復是：「雖然台灣不到百分之一，但台灣仍是輸美紡品最多的國家」，她並將電腦報表撕下給我做參考，如此我無話可說了。在訪問福特汽車公司及G. M汽車公司時，希望他們能將台灣列為他們零件製造供應基地，福特表示已有台灣分公司供應部份零件，但大量供應能力尚不足；G. M汽車公司則坦率的說，台灣的品質尚不合標準要求，零件製造工廠規模都不夠大，暫時不會考慮由台灣製造零件供應；另訪問曾在楠梓加工區設廠「天合電子公司」的TRW公司，特別要了解該「天合電子公司」只開工一年便關廠撤資，是何道理？TRW答復是為了「市場導向」而撤資到中國大陸，可見商人對市場的重視及現實。

2.日本差旅見聞

調職到加工出口區服務後，與國際接觸交誼的機會更多，在吸引投資的工作上，除了美國外，日本也是常去的國家，見到日本

國家社會秩序并然，人民普遍守法的精神及市容環境的整潔，幾乎每個家庭都一塵不染，最明顯的，街上每輛車包括工程車，都很清潔整齊，絕無帶著塵土滿街跑的現象。在台灣最叫人垢病的是餐廳的衛生，油污，尤其是小吃攤就更談不上清潔的要求了，然而在日本卻全然不同，味口是否好吃各有愛好，但清潔衛生絕對令食客放心；其次是禮貌，日本人習以為常的禮貌習慣，世人都知道，這是日本傳統的家庭教育及社會禮儀，是從小教導出來的，尤其是孩童，非常友愛，在每天的下午三、四點鐘左右，街上可以看到三、五成群的小學生，男生、女生都穿著整齊清潔的制服，只見他們彼此道別時，相互彎腰行禮三、五次而後揮手道別，也有頑皮的小男生打鬧嬉笑，但分別時也是一樣的相互彎腰行禮道別；守法上，日本也一樣有違法犯紀的社會問題，並存在著黑社會的問題，但就一般民眾而言，普遍守法的精神都很強，一個很諷刺的例子，有一次到九州訪問，晚餐由日方招待在一家中餐廳吃海鮮，喝啤酒，飯店老闆是從台灣彰化去的，餐廳由太太負責經營，老闆本人則開大卡車，得知我們是從台灣來的客人，提早趕回店裡，將車子洗清潔後，特來到席間致意、敬茶，我們請他喝啤酒，他說不能喝，解釋不能喝，是因為日本路檢很嚴格，一旦被測出有酒精，那就嚴重了，他還補充了一句：「日本不像台灣，無所謂，所以在日本一定要守法，如今台灣官員都不守法，如何叫老百姓守法？」我只好回敬一絲苦笑，這一個小案例，說明日本人守法的道理，在嚴格執法，一視同仁的依法行事；總之，日本雖然是我國的世仇，但它的社會秩序，人民的生活水準及社會品格，仍值得我們參考、學習。

3.應約旦王國邀請訪問

　　因為我國加工出口區傲視全球的佳績，受到世界各國的重視及學習仿效，因而常有友幫國家經過外交部邀請往訪的機會，例如約旦王國，一九八五年九月二十三日（1996.9.23）邀請訪問，約旦在中東政治上擔任了舉足輕重的角色，約旦面積不大，位在紅河彎，她沒有中東地區最豐富的石油資源，卻面臨沙漠酷熱貧乏的生活環境，人民普遍的主食是一張張薄薄的乾煎大餅，包捲煮爛了的大紅豆泥而食之，幾乎沒有其他的菜餚；為一夫多妻制的回教社會，工商業並不十分發達，社會一般是貧窮的景象，但約旦在中東是屬於比較開放的國家，對世界的交往也比較開明、開通；她每年有一半很大的年度收入預算來自沙烏地阿拉伯，這筆很有趣的預算乃因中東戰爭，沙國數萬人民逃往約旦避難，定居生活，約旦要照顧這批人而向沙國要「安家費」；約國面臨紅海灣的對岸便是以色列，但卻相安無事，而在通往死海的路上要通過與敘利亞的國界邊防區，有雙方的武裝衛兵看守，也是相安無事。（但在上流社會裡，夜間的活動十分活躍，一樣是燈紅酒綠、婆娑起舞，尤其很多白印度血統的約旦婦女，十分漂亮，婀娜多姿，只是白天一個人也見不到），約旦有一項特色，即她的建築設計在世界上聞名遐邇，確有建築藝術之美，世界多次建築研討大會，都在約旦召開。水是生命的泉源，在沙漠地就是缺水，民國六十二年李國鼎任經濟部長時，前往訪問後，協助該國規劃五年經建計劃包括探測到地下水源，為她解決飲用水之苦；約旦政府對教育很重視，也很普遍，但有一個

現象，大學教育人數比例較高，普遍存有士大夫心裡，不願從事基層工作，而多往沙國找工作，因為沙國待遇高，又女性受教育不受限制，可惜即便大學畢業也多閒散在家，不願出去工作，如此形成教育浪費，該國中央政府深深了解該國教育的績效不彰，而特別安排筆者與Yarmauk大學校長Dr. Adnan Badran面談交換意見，我也曾坦誠的向該國王儲哈山親王報告，建議妥善安排大學畢業生的就業問題，尤其要鼓勵女性就業，以增加社會勞動力，由以上片斷記憶，可見沙漠國家生活環境的艱辛。

4.厄瓜多爾政府邀訪

民國七十五年（1986）初外交部轉厄瓜多爾政府，邀請我加工出口區往訪協助設置加工出口區的研究，經濟部核定由本人率王季文專門委員前往，於當年三月二十二日起程至四月五日回台；當我二人抵達厄國首都基多市機場時，由我外交部駐厄國代表國剛代表在機場接機，一下飛機走向貴賓室的途中，國代表便直接的對我說：「余處長，歡迎你，辛苦了，你這次的訪問很重要，如果處理不好，很有可能會造成厄國的內戰發生」，我一時大為驚訝道：「國代表，你在開玩笑，把我們找來，這麼危險的任務，萬一真的因我們研究的結果造成該國內戰，我們則便成了罪魁禍首，我們怎麼回國，如何交待呢？」我對國代表的話還是半信半疑。到第二天正式開始訪問行程，由厄國外交部做簡報，我們概略了解到厄國的國情，地方各省，都雄霸一方，各自擁兵自重，中央很難控

制地方，而該國經濟以石油輸出為主，對厄國經濟影響很大，其他如工業、農業、漁、牧業等經濟貢獻不大，該國總統有鑑於多明尼加共和國自由區的建設成功，有助於人民的就業，而決定往加工出口區的方向發展，在各省都想發展自己的經濟及增加就業機會的要求下，對爭取設置加工出口區的機會便各不相讓，造成中央無法決斷，總統困擾不已，才會找到我加工出口區來以專家及客觀的立場協助決定。厄國政府依我們的建議選擇了四個城區，以直昇機載往各城區實際訪問了解，到各城所見，人民並不富裕，對農、漁生產也不積極，見到很多靠近山區的住民，並不從事農耕生產，主食竟然是依靠遍山野生的香蕉煮熟了吃為主食；一年四季氣候炎熱，年輕人多在海邊整天戲水，雖然有海港都市，但漁業並不發達。在看完四個城區後，我們只對四個城區的優點列出及簡要說明朝那類方向發展較能相配合，而另提出建設加工出口區的必要條件，供厄國政府參考，由他們自己做選擇決定，當四個城區訪問完後，我二人以最快的速度，以二日的時間撰寫完成英文報告，在撰寫報告的第一天的晚上，厄國外交部為我們舉辦了一個餐宴晚會，在餐宴前的會酒中，外交部派了一位資深大使做主人代表部長主持晚會，這位大使很急切的，一方面向我敬酒，同時問我訪問後的決定如何？決定在那一個城區設加工出口區？我只笑答：「尚在消化資料研究中」，大使也笑說：「Mr.余，你說話好外交啊！」彼此哈哈一笑；次日晚上，國代表夫婦，請我們到基多市一家中餐廳晚餐，邊吃邊談，他強調這個案子是厄國外交部向我國代表處提出來的，應是由外交部主導，訪問的結果，只要能應付外交部可以交待即可，

國代表之所以如此說，一方面是站在外交部的立場，另方面是問題太嚴重，但是我非外交部的成員，站在經濟及國家整體觀念的立場，看法則有出入，我坦白的向國代表說：「一個國家的外交，不只是外交部的外交，其他部會也都與外交發生關係，我今天來這裡也是為外交而來，這個問題的主辦單位不會是外交部，而應該是財政部」，因我不同的看法，國代表有些許的不快；當晚國代表便接到厄國政的通知，次日早上十時要向厄國政府提出報告；步入會場座定後，只見厄國的財政部長一人進來，坐定後便開口道：「Mr. 余，本案的嚴重性，涉及到可能造成我國的內戰」，此時我將報告放在桌上不動，暫不分呈給部長，便以中文對國代表說：「國代表，部長剛才所說的我們都聽清楚了，問題如此之嚴重，此刻我要用中文報告，請國代表代為翻譯成西班牙文，以避免直接用英文報告，表達不夠清楚；首先我必須提出一個觀念理解，即『任何一個國家的經濟政策，是設計一個成功的政策，而不是試驗的政策，更不可以是失敗的政策』」，我的話說到這裡，厄國財政部長立刻用右手向桌子上一拍說道：「Mr.余，你已經解決了我的問題，也就是說無論是那一個省要做加工出口區，他必須做成功，不可以失敗，失敗就是他自己要負責，這樣我可以很明確的向總統報告」，這一段話使我如釋重擔，一大塊石頭總算放下心了，接著我將英文報告分呈部長及國代表，並將內容詳細說明，此時心情好多了，會後回代表處的途中，國代表一再表示感謝圓滿成功，彼此也不再提本案是外交部或是財政部主導了，但是國代表則提到將繼續追蹤本案，有機會邀請該國的財政部長訪問我國。

在厄國訪問中，有一段小插曲，即該國普遍沒有守時的觀念，政府派來陪同我們的人員，幾乎每次都是我們等他們，我因在台灣出發之前已安排好在離開厄國後，要到美國舊金山訪問工廠，吸引投資，所以每天行程都必須嚴格遵守時間進行。有一天早上，要乘汽車遠行，前日晚上接待人員告訴我們次早上八點半見面，九點開車，次日早上我們準時在旅館的大廳等他們，一直等到九點半也不見他們出來，忍無可忍，打電話到房間，他們還未起床，等他們匆匆的出來，已超過十點鐘了，此時我不客氣的訓了他們一頓，「不守時就不會敬業，事情做不好，國家就不會強，你們這麼年青，應該有積極心做事……」他們還不以為然的說：「沒有關係，晚了往後延一天就是了」「不可，這是你們的想法，我是按計劃執行，我後面的時間另有其他的安排，不可以由你隨便更改。記住，要有守時的觀念。」從這次訪問中，了解到厄國國情，對時間觀念非常差，民心閒散，政府官員，高知識份子也都一樣，國家要強，對厄國而言，可能應從時間觀念學習開始！

5.赴哥倫比亞參加世界加工出口區年會

　　民國七十四年六月二十七日（1985.6.27），接到世界加工出口區協會祕書長潘納先生（Teodoro Q.Pena）來函，說明該協會於是年九月十一日至十五日在美國奧納章納州開年會，希望我加工區派代表參加該年會，並正式邀我入會為會員，我加工區原為世界加工出口區創始會員，一九八一年在菲律賓召開的年會中，因我國退出聯合國的政治因素，也退出了該協會，而今之所以邀請我加工區

入會，按該協會執行祕書波林先生（Richard L. Bolin）來函說明：
「貴國加工出口區在世界各國加工區中最為優異，成就最大，且
為各國學習仿效的對象，如本協會不能有中華民國加工出口區的參
與，本協會將失去存在的意義」，此話姑且信之，但加工區管理處
的回函重點：「我加工區是否加入貴協會並不重要，因為我們的加
入，是貢獻大於收獲，既要我們入會為會員，我強調將以「中華民
國加工出口區」的正式名義申請入會，而且今後中共入會，不得有
亞洲銀行的模式產生，否則我們無意入會」，世界加工出口區協會
完全同意，我們便於民國七十七年（1988）初正式通知該協會申請
入會，並得到該協會的同意函，及邀請參加一九八八年在哥倫比亞
舉行的世界加工區年會，並發表論文。經濟部核定由我本人率同高
雄分處王季文副分處長及張福榮兄三人前往哥倫比亞的大城巴蘭吉
亞市參加年會；大會前的理事會中，我爭取到中華民國加工出口區
為常務理事會員，並爭取到一九八九年的世界加工出口區年會在台
灣高雄召開，由我加工區主辦，同時我也邀請到聯合國工業發展組
織的代表Mr. Peter F. Ryan將以個人名義參加高雄的年會，這在外交
上算是一大收獲，我駐哥國代表處高興不已；大會中我所發表的論
文令各國代表震驚萬分，認為是不可思議的成就，所以個個都希望
早日到高雄實際看看我加工出口區的真相。

哥國經濟雖不盡理想，但稱得上小康的經濟水準，一九八七年
國民生產毛額為三七二億餘美元，國民所得平均達到一、二四九美
元，進出口貿易各達四十多億及五十多億美元，主要出口產品有咖
啡、香蕉、石油、紡織品、綠寶石……等，進口則以機器、電器製

品為主，礦產業、農業及輕工業都有不錯的發展，又現有七個自由貿易區及兩個自由港區，但各區績效平平；另值得一提的是，在官方的資料看不到如世人所重視的「毒品輸出」的資料，我們也不便詢問這方面敏感的訊息，但是有幾個現象自然的讓我們了解到這個問題的嚴重性：

(1) 在訪問哥國首都波哥大時，哥國政府為我們安排的住處，是靠近總統府軍方經營的旅館，因為這裡最安全，不會受到毒梟武裝份子的襲擊。

(2) 當拜訪總統府時，只見總統府四週，一層又一層的武裝士兵看守，連樓梯上、辦公室門口都是持槍的士兵在守衛，真是風聲鶴唳，如臨大敵，此也是在防止毒梟武裝份子的襲擊。

(3) 在最熱鬧的市中心，位在總統府及軍方旅館的中間，地上有一個好大的坑，問了當地住民才知道這裡原是國會大廈，前年毒梟武裝份子佔據大廈，挾持國會議員，要求釋放被抓毒梟份子，經長時間政府與毒梟組織談判不成，政府也不顧國會議員的生命，派軍方坦克車砲轟該大廈，國會大廈立刻倒塌，夷為平地，大廈內的一百多位國會議員全部犧牲，毒梟也一併送命，政府如此處理，實不敢叫人相信。

(4) 當我們完成哥國之行後，先要返回美國再轉機回台灣，當到美國入境時，美國海關如臨大敵的大批武裝警察帶著警犬，一個一個人全身檢查，男女老少無一放過，檢查到我

時，得知我從台灣來公幹的便禮貌的放行了，原來我們這班飛機從哥國而來，為了防止毒品及毒梟的輸入而嚴加戒備檢查。

由以上這幾個現象可知哥國毒品的嚴重性，然而毒品的市場經濟，對哥國人民並沒有幫助，政府也得不到收入，卻危害世人，美國則首當其衝。

哥國的自然景觀很不錯，在巴蘭吉亞近郊有一個湖，湖水清澈見底，沒有污染，少有遊客，在湖中建了一個湖中高爾夫球場，球道擊球或果嶺發球，常會有要超越水道的情況，而且還要擊得準，否則就掉進湖裡，一場球打下來，掉了不少球在湖裡，但湖中球場，打起來很夠挑戰，刺激，很有意思。

哥國政情十分不穩定，總統選舉頻繁，每換一任總統，則全國政府各機關，大小主管全換，人事更迭乃常事，當地民眾笑曰「連辦公室掃地的也會跟著換」，因此影響政府常務工作，對國家是非常不好的現象。

6.中國往返盡為他人忙

(1) 北京

一九九一年九月應中國國務院特區辦的邀請，前往北京研討「加工出口區的建設及營運」，並安排到昆山訪問，這是我於民國三十八年（1949），隨父母離開中國大陸到海南島，後於民國三十九年（1950）來台灣，約五十年後的第一次回大陸；北京是中

國歷年政治、文化、經濟的中心古城，今日則更形突飛猛進，當我第一次在北京機場落地，所見到的北京機場還不如今日高雄的小港機場，中國國內線的乘客，衣衫不整，竟然還有挑擔子上飛機的，機倉的服務更談不上了，比華航差了一大截，尤其乘客在飛機上多無衛生習慣，對飛機起降的安全也不顧，完全沒有乘飛機不同於坐火車的觀念，同時在機場外也是雜亂不堪，機場建築破舊難看，隨處是小販髒亂不堪入目；而今的北京機場氣勢宏偉，井然有序，絕不可同日而語，即使當初所見不堪，但離開機場後的寬敞十線道的機場大道，兩傍密林夾道，車行其間，頓時感覺到泱泱大國的氣勢，傲人的氣魄。待車行至市區，聳立如林的建築，整齊的市區規劃，感嘆今之中國不同於古老的往昔，再走進舊街巷弄之間，也同時感嘆中國之大，要改進、改善整個環境也非一日之功，一蹴可及；百姓純樸有智慧，普遍生活簡從，維持了一部份舊禮教的習慣，年青人較之於上海、廣州顯得矜持純潔，保有禮數；當我到國務院特區辦開會時，所見政府各公務員，求知欲極強，行政效率也高，各項資料收集頗為用心，但不可否認的事實，封閉、資訊不足、與世界相隔閡，明顯的見識不夠，思想落後，即便碰到大學畢業，受過高等教育的人員，對新經濟的觀點，仍局限在中國境內的一些陳腐論調，對世界經濟的發展一無所知，我曾在四川的攀枝花鋼鐵公司有過一段時間的停留，攀鋼主事者及其幹部，一再強調他們很自豪的不僅辦鋼廠，而且還「辦社會」，所謂「辦社會」就是除了不辦生孩子外，其他的如辦學校（由托兒所到大學）、辦醫院、辦市場、開公路、做營建、辦公安，等等，無所不辦，毫無成

本觀念；辦鋼廠，也是什麼都自己辦，沒有分工成本的觀念；有一次在廣東的江門市，有一個國有鋼鐵廠，希望找外商買他們的廠，市政府招商局請我去看看，提供意見，一看就知道一定是無法經營，因為成本太高，該廠主要為抽線廠，為了抽線需用的模具，竟然成立模具廠、小型煉鋼廠，而不知模具只要向國外專業模具公司去訂購就可以了，可大量節省成本，這就是他們那時沒有經濟觀點的事證。

北京開完會，經特區辦的一通電話，我就飛往武漢去看看家鄉的親人，這也看出政府的威權及特權的過度時期的經歷發展。

(2) 武漢

兒時的武漢最熟習的黃鶴樓及其週遭環境如今全然不同了，現在的黃鶴樓，是文革後重建的，很多殿堂外型與從前不同，黃鶴樓山腳下，原有一所「中心小學」也不見了，那是我小時常在那裡踢足球的地方，原來我家住在靠近黃鶴樓，江邊的軍營區也沒有了，而所看到新的環境是武漢大橋，比以前更繁華的市區；而說話的口音，因我在家與父母說話仍用武漢話，所以沒有差別，以至與我同往武漢的楠梓電子公司吳董事長，在一家商店裡考問店員小姐，我們兩個人誰是湖北人時，小姐指著我是，吳董事長不是，其實吳董事長也是湖北人。

(3) 昆山

當我去北京之前，楠梓電子公司吳董事長依中國的要求，先安排我去昆山訪問，並協助他們建設昆山出口加工區，當時的昆山，

十分落後，可以說沒有一條像樣的馬路，市政府十分簡陋，剛成立的昆山出口加工區，則在一排矮房子裡辦公，天氣酷熱，主任宣炳龍及其幹部皆著短褲，穿背心上班，當我與他們討論加工區的建設及如何營運時，全身汗流夾背，上衣濕透了，隨後去看滬士電子公司建廠用地，建廠區在水田中間，泥濘土堆，還未開始整地，而今昆山已成為中國出口加工區發展的榜樣、模範，為全國各地所效仿的績優城市。

(4) 江門

江門市位在廣東省珠江三角州中南部，西江包圍著江門的東北邊，直流出海口與澳門相對，與中山、佛山、珠海等地相鄰的一個小市鎮，但總人口卻有三八〇萬人之多，氣候與台灣相同，但空氣則清新舒適得多，有高速公路直通廣州及澳門。過去以農業為主，近年來因地理位置及氣候得宜，已發展成新的科技工業城，大量吸引外來投資，為台灣及日本投資者所愛，江門為配合整體發展，還建設了一所完整的大學，包括碩士班研究所，校長是由北京航天工業大學副校長升任，中學教育方面，職業教育很受重視，中學學業程度很高，在訪問一所完全的中學校長時，高學歷年青的校長，衝勁活力十足，他談到該校的教育程度，該校學生曾經得到過中學生世界奧林匹克化學獎第一名，數學優等獎，而且有獎牌及證書，成例為證，我問他有無台灣的學生在此就讀，他答道：「有，有一位初二的女學生，也是台北名校轉學過來的，除國文外，數理跟不上，尤其是數學，我們讓她一方面繼續上初二的課，同時也上初

一數學課，這樣會慢慢的跟上去」；我之所以要訪問學校，包括大學、中學及職業學校，主要是人才的培養，當我將各級人才培養對產業發展關聯性的需要及重要性說明後，該市的招商局長才晃然大悟；江門市不缺水，也不缺電，因為西江就是經過江門入海，而電方面，凡珠海、深圳、中山……等這一帶所用的電是由江門市的總配電站輸送出去的，所以江門市本身有足夠的電源；江門市民風純樸，市中心相當於高雄縣鳳山市的規模，該市曾在全中國評定為全國治安最好的都市，物價、房價也不高，所以我個人感受到江門應是台灣人最佳的居住選擇處，同時江門到台灣距離很近，一天可以乘飛機來回，台灣有意到中國去發展的企業，可以將江門市列為考慮的重點。

(5) 煙台

煙台市，我於民國八十九年十月（2000,10）應煙台市政府邀請，前往協助煙台出口加工區的創設及營運研討。煙台面對大連，背靠青島，與大連遙相駐守住渤海灣港口，港內水平靜如鏡，為一不凍港。渤海灣內沿岸除煙台、大連外，尚有威海、蓬萊、天津、唐山、秦皇島等港市，再加上青島，形成北方工業及港澳貿易重要區塊，尤其是北方電子產業的生產，消費出口都在這個區域發展。煙台市於滿清末年割讓給英國，至今煙台港邊還保留了當年由李鴻章代表滿清政府，與英國簽訂中英割讓條約的一棟二層西式樓房，該樓房的地下室還保留了一個保齡球道的球場，該球道是用人工撿球，而且還可以用，當年的球具都還保留，地上的兩層現作為西式

酒吧間經營，樓房前至港邊的廣場成為小販的聚集地，看到這棟樓房，感嘆歷史中國人的悲哀！

由於煙台曾割讓給英國，故地方建設，尤其是建築物多為歐式標準，但是英國不像德國將青島建設成世人所讚賞的城市，煙台相對的顯得落後許多，近年來，煙台在工業發展上大力推進，國務院也將煙台批准建設國家級出口加工區，而今已有部份日、韓中小企業在煙台投資設廠，惟規模有待推展擴大。煙台也一樣有包括大學在內的完全教育體制，便捷的交通網絡，公共建設齊全，總人口達到六四五萬人，地理位置雖位在北方，卻為不凍港，農產品豐富，也有豐富的礦產，但整體經濟比不上青島、天津、大連，所以煙台市主政者正力圖發展經濟，迎頭趕上；就煙台的遠景來看，只要發展得宜，應可以達到青島、天津或大連的水平，也將成為中國北方重要對外貿易的樞紐港。

(6) 青島

近年應上海滬士電子股份有限公司，吳董事長的邀請，協助該公司計劃到北方投資發展，隨同吳董前往哈爾賓，青島等大城市考察。

青島位在煙台的背面，面對黃海，與連雲港、日照市、萊陽市、榮成市等在面對黃海的同一海岸線上，與淄博市、濟南市，鐵公路相通，車乘約四小時，隔海與日本及韓國相對應，為山東最重要的港滬，是中國北方電子工業發展的重鎮，通商貿易港口，海陸空三方面交通發達，此刻正積極推動工業發展，國務院也批准了青

島出口加工區的建設，我曾與北京清華大學經濟研究所劉振濤所長，談到青島出口加工區時，得知該區特聘請劉所長為顧問，協助規劃發展，劉所長開玩笑的說：「余處長，你做我的顧問好了！」可見青島出口加工區是認真的在求發展。

青島因德國人的精心建設，使之成為一座優雅憩息的山海城鎮，公共設施一應俱全，教育系統完備，寬擴的馬路、藝術式的建築，環境美化，山水交融，綿柔一體，加上通商貿易，市井繁華，氣候無酷熱，也無嚴冬，凡過往客人，莫不讚賞有加，成為北方都市移民的理想城市，但是歐式建築，房價不低。另外值得一提的是青島啤酒，聞名全國及海外，每年青島啤酒廠要舉辦一次盛大的啤酒節，可以免費暢飲，為青島啤酒帶來不少商機，也是青島人的驕傲。

(7) 淄博

淄博市，民國九十四年十一月（2005,11）應淄博市政府的邀請，參加該市所舉辦的兩岸經濟論壇，在該市山東理工大學舉行，台灣應邀參與研討會主講的人員連我本人共五位，其他四位有台大教授、工商企業界精英，如生化專家、化工、人才培訓等專家，我則指定報告「加工出口區與經濟發展」為題，研討會二天，非常成功，由這次研討會也可大約了解到淄博市的概況；淄博位置處在山東的中部，在濟南與青島之間，比較靠近濟南約八十公里，離青島約兩百多公里。該市由五個行政區及三個縣所組成，總面積為五九三八平方公里，總人口四一三萬人，市中心就有二七三萬人，

所以其他區縣便顯得人煙稀少，但該市陸路交通，鐵、公路直達濟南、青島，海運以青島為出口港，出口貨物以陸運到青島車程時間約四小時，空運則約半小時到濟南機場，所以客貨交通運輸都很便利，山東為農業大省，但淄博的經濟結構農業只佔了不到百分之七的比例，反而是以工業佔了約百分之五十八以上的比重，服務業也在百分之三十五以上，這真是始所未想到的，其主要的原因乃該市地下資源特別豐富，礦產種類有多達五十多種不同的礦，產量較大的有鋁樊土、耐火粘土、石灰岩、陶瓷土、煤、鐵礦以及石油、天然氣等，由礦產而衍生的化學工業便特別發達，繼而發展到生化醫藥工業及研究，頗有成就。肥料工業，數年前我台肥公司也曾試探在淄博合作設廠的可能性；另建築用高質料建材生產也具盛名，以及醫療器材工業十分可觀，目前正推動電子工業發展及建造年產十萬輛的小汽車工業，這些產業之所以能發展成功，主要是教育能夠配合，除山東理工大學外，另有八所高等職業學校，及濟南的學府支援，所以該市產業發展的研究機構就多達八三七家，專業研究技術人才就有二十五萬人，這才真是寶，但是勞動力部份顯然將有不足的現象，宜即早應變；淄博的服務業所佔比例也算很高，但服務的品質有待加強，該市對資訊方面還不算封閉，但管理知識有待增進。

淄博也在創設出口加工區，經濟開發區，以跟上中國時尚的流行，但勞動力不足，無本身的海港及空港，加之現有產業偏重在化學工業範疇內，所以要想新創高科技以電子、機械為主的輕工業，會有很大的障礙，非三、五年可以達到目標，所以還是要以本身已有的有利條件，發展相關產業較為適宜，不一定要發展加工區。

前後四天的淄博之行，所見不多，只是對產業發展較為有所認識，所以在該市副市長最後一餐的餐宴上，主人一定要我說幾句話，我只好不負盛情的說了幾句中肯的話供作參考，幾句話的重點在「發展經濟，要考慮經濟性的經濟計劃為標的，以自身的條件優勢為發展的依據，較為貼切、有利。」當時市府主任秘書興奮的舉杯向我敬酒，還連說：「余處長你講的太好了，我都錄音下來了，好好參考」，餐宴在杯光交錯、笑聲不斷中結束，皆大歡喜。

　　餐宴後乘車去參觀了聊齋作者浦松齡的故居，位在一片低矮古老的泥屋區，通往故居的道路狹小、陰暗，走在其中，真的好像身在鬼影幢幢的宅第之間，而故居的建設倒還不錯，還算寬敞，光線也很好，房間簡陋的陳設，還有一些是原來保留下來的，很珍貴。參觀完了後，大家異口同聲的說，原來浦松齡之所以能寫出那麼多的鬼故事，是與他居住的環境有關，否則寫不出來。

(8) 攀枝花

　　攀枝花市，我在民國八十三（1994）年應東帝士公司的聘請，為該公司計劃進行在攀枝花市與攀枝花鋼鐵公司，合作建造四百萬噸的一貫作業大鋼廠；攀枝花市是四川省西南邊垂的山城，是三國時諸葛亮七擒孟獲的地方，往攀枝花市，須從成都坐火車或飛機先到西昌，再轉汽車沿山路曲折而上，到約一千多公尺高的山頂，便是攀枝花市的所在，攀枝花市的建成，據攀鋼人員說，乃因中蘇鴨綠江之戰時，由毛澤東下令緊急在攀枝花山區建設的一座戰略性鋼廠，即便在文革時期，也不允許紅衛兵對該廠鬥爭，可見該廠

的重要性！由於這座鋼廠帶進了相當龐大的勞動力，因而發展形成一百多萬人口的山城攀枝花市；而之所以選擇此山區建鋼廠，主要原因有二，其一、攀枝花山區有藏量豐富的鐵礦砂，可就地取材；其二、因地理位置隱秘，作為戰略鋼廠，可防止敵人破壞。攀鋼目前產能排名在中國十大鋼鐵公司以內，頗有成就。但若從經濟面來看，完全不經濟，例如為了攀鋼設備的需求，先建設一座規模相當龐大的機械工廠，除了機械加工外，還具備有最重要的大型鍛造加工及鑄造工廠等，這些成本十分可觀，由機械工廠自製高爐，轉爐、軋鋼機等設備，成本之高，很難想像；另一不經濟的因素為鐵礦含鐵量很底，只有約百分之十三的成份，是不經濟的礦源，但令人佩服的是這些重工業設備竟然自製成功，至於精度，使用效率暫且不予計較，重點在先要突破有這類生產設備的能力，不至受制於外人，這應是可以理解和諒解的。但若時至今日仍然這麼幹就無法認同了；當我與他們的專案小組成員一起討論總預算時，他們對於系統成本觀念並不健全，效率與成本的概念很差，例如人工成本的規劃，完全不了解世界先進國家鋼廠發展的程度，沒有生產力的觀念，而僅能根據當前攀枝花鋼廠的用人水平估算未來新廠的用人成本，按當時攀鋼年產粗鋼約二四〇萬噸，集團總用人數將近十萬人，平均每人每年的生產力僅約二十四噸粗鋼，而該公司真正用在鋼廠本身的員工約三萬人，平均每人每年也只生產八十噸粗鋼。我只好將世界先進國家鋼廠的資訊，生產力介紹給他們了解，並將當時台灣中鋼公司的勞動生產力算給他們參考，當時中鋼年產二八〇噸粗鋼，總用人數約七千人，平均每人每年出粗鋼四百噸，是當時

攀鋼的十六‧六倍（對十萬人而言）或五倍（對三萬人而言）；若新公司以中鋼的標準打七折計，也應該是二八〇噸，以此標準用於新公司，很快便可以算出新公司的總用人數及年人工成本，比起他們原規劃的人工成本要減少三分之一以上。當我將此一觀念及計算結果告訴他們時，有位高階經理級主管高興的說：「余先生，我們今天又學到了一招」，可見他們對世界產業發展的資訊及了解真的是太少了！

攀鋼很自豪的不僅辦鋼廠，還「辦社會」，為國家解決社會問題，所以養人對攀鋼而言，是他們的光榮責任，所以攀鋼的總用人數達到十萬人之普，不僅如此，攀鋼生產過程中所產生的下腳料，也由退休的員工（五十五歲退休下崗）另成立公司加工處理，這樣又養活了好幾百人，工資雖然不高，卻能養家活口，不至造成跳樓自殺的現象，也算是做功德！

(9) 西昌

在上山到攀枝花之前，要先到中間轉運站西昌市。西昌在二次大戰末期，日軍欲對我國戰時的陪都重慶採取大軍進犯，國民政府按長期抗戰的政策，預備再遷都的地點就是西昌，至今西昌還保留了當時蔣委員長考察西昌時，所修建的臨時飛機跑道。今之西昌已成為中國衛星發射中心，為世人所注目，本人有幸到發射場實地參觀，只見三座發射台排成品字型高高聳立在環山圍繞的中間，十分壯觀，同時也參觀了發射指揮中心，雖不如美國太空中心那麼壯觀，但功能氣勢一點也不差，此外為了太空火箭的運輸，在西昌還

修建了一座據說有三公尺厚鋼筋水泥跑道的大型機場，遠遠望去十分可觀，這是全中國人的驕傲；另外西昌也有一般軍民兩用的航運交通機場，並計劃在攀枝花市山頂上另建一座小型機場，方便人員交通之用。

西昌的地區經濟並不發達，因屬山區地形，人口不多，與攀枝花相鄰的西昌涼山自治區有三七〇萬人，其中有一一〇萬人是少數民族。農業產值不高，人民生活較為清苦，居民中彝族人口一一〇萬人，全居住在半山上，與牲畜同居一屋，居屋依地形建造，二層，樓下為牛、羊、豬的住所，人則住在樓上，中國政府曾計劃性的要改善彼等的生活條件，在山下建造了一批水泥平房免費供給彝族居住，不到一個月，這些彝族又都搬回到山上去了，但政府對彝族青年很用心培養，現任西昌市涼山州副州長就是彝族青年，政府培養他唸大學畢業，回到西昌任公職，逐步拔擢到涼山州的副州長，其夫人也是西昌的優秀彝族青年，大學畢業。當第一次到西昌時，當晚由副市長接待，就在一處彝族餐廳設晚宴，餐廳設備雖然簡陋，但彝族少女的歌舞及彝族的酒菜別具風味及風格，頗能回味；西昌彝族是由雲南遷移而來，所以西昌的彝族有一風俗習慣，即每年清明時節，必回雲南掃墓祭祖，同時老年人死後也要運回雲南安葬在祖墳地裡；與西昌相鄰的一個小村落（忘了村名），人口僅數百人，至今仍保留了傳統的習俗，母系社會。據西昌市官員表示，該村目前為聯合國列為保護村，中國政府對該村也特別戒備保護，可惜我沒有時間及機會去參觀、了解，以後何時再有機會到西昌，實難預料，機會渺茫。

中國所到之處實在太多，無法一一記述，謹就一些不為一般旅遊者所常到的地方及工作需要到的或記憶較深刻的地方記錄之。而世界各國所到之處也不少，除美國、日本因工作需要幾乎每年必去之外，其他國家，並非常去，僅就一些印像及記憶較深刻的國家簡述介紹，以留下行腳的記錄，便於在往後的歲月裡，輕鬆歡愉的回憶！

三、覺醒──「行走天涯一過客」！

　　從生命的起點，便踏入在顛簸崎嶇的道路上，歷經浩劫苦難的年代，奔波逃難的歲月，撿回來的生命，在拮据的經濟環境裡成長，感激父母勉力為我完成了全部的學業，在無可選擇的條件下，投身軍旅，走出人生的起步，在沒有任何社會背景的狀況下，自勵奮發，記取了大學時助教的一段箴言，受用一生，尤其在軍中，在專業技術及主管管理、領導統御方面的訓練，受益良多，對日後事業發展有極大的幫助，這也說明唸軍校並不差，事在人為；中鋼公司注入了我新血滋長，強化了生命的堅韌性而發熱；加工出口區更是生涯再昇華而發光；一路走來，承各級長官厚愛，關注擢拔，這不僅只是幸運之神的呵護！即至離開公職，至今仍不忘故總統府李資政國鼎先生的訓誨，要為「全世界的中國人服務」而忙碌，以致自己仍是袖裡無乾坤，空空如也，落得乾淨自在！

　　於此人生定見的時刻，回顧這一生的事業發展，走得雖然艱辛，卻能告慰父母在天之靈，及各位師長的教誨提拔，首先要感謝

的是時任聯勤副總司令雷穎將軍少平公，因他強迫式的命令要我去中鋼公司服務及一路的關注，才使得我有往後的發展和小有的成就；到中鋼公司後，馬董事長紀壯伯謀公，趙總經理耀東，後繼任董事長，續榮升經濟部長，劉總經理曾适，後繼任董事長，傅總經理次韓，後繼任董事長，以及其他多位長官如陳樹勛，金懋暉，魏傳曾——等，感謝他們對我的愛護有加，不斷提拔，由工程師一路升遷至公司一級主管處長，更而趙部長以優秀人才破格任用，隨後再補辦任用資格，調部升任部屬一級主管職，加工出口區管理處處長，即便日後我已離開公職，有一年報載工業局長人選的新聞，傅董事長仍強調，工業局長余光亞最適合，巧的是新聞報派名單中竟也有我的名字，可見中鋼長官們對我的器重，以致才有些中鋼老同事開玩笑的對我說：「你是中鋼升遷最快的一個，你能通天」，這雖是玩笑話，卻証實中鋼長官們對我的器重愛護及擢拔。任職加工區後，一切要靠自己面對新的澴境及處理各項疑難雜症，幸運的是，我要感謝時任行政院李政務委員國鼎，後升任總統府資政，對我後生晚輩，不時教誨，耳提面命，愛護備至，全力支持，使我在加工區的工作，順利推行，即便我離開公職後，仍不時交待協助處理加工區的一些事務，以及我將永遠銘紀在心，他老人家最後的訓誨：「要為全世界的中國人服務」，所以至今我仍四海行蹤，游走兩岸而不疲。

民國九十年二月九日（2001,2,9），父親因病仙逝，復於民國九十四年六月九日（2005,6,9），母親脫離一生病魔纏身之苦，歸去；回顧父母一生，都在國難家亡，峰火戰亂，貧困艱辛的歲月中

渡過，未曾享受過片段安樂的日子，更為痛心疾首者，是白髮人先送走兩位妹妹黑髮人，何其悲戚無奈，無語問蒼天！惟能安慰父母晚年者，是我三兄弟表現尚不落人後，亦曾得到李資政國鼎及中鋼傅董事長次韓長官們的讚許「一門三傑」；更而孫輩們個個表現優異傑出，讓父母欣悅歸去，真乃不幸中之欣慰！父母仙逝，悲慟無淚，以《父殤》輓聯乙幅以咨懷念父母在天之靈！

《父殤》

　　　　生我育我教我六十六年　耳提面命　期玉琢成器　父愛恩被無垠！

　　　　淚眼悲戚錐心二十二日　夜伴晝隨　仍泣血親殯　子恨回天乏力。

　　　　　　　　　　　　　　　　　　兒　光亞 叩首

　　　　　　　　　　　　　　　　　　2006.08.12

　　　陪伴父母走完人生最後的一程，為二老辦完一生的大事，盡了人子之道！再憶往己生，七十年攸攸歲月，行蹤四海路迢迢，回首來時路，不由感嘆，原是「行走天涯一過客」！由而想起四川成都文殊院的一幅對聯而覺醒，了然今生！

　　　見了便做做了便放下了了有何不了！

　　　慧生於覺覺生於自在生生還是無生。

附錄一

李資政國鼎與加工區之創設、發展——悼念一代偉人之殞落

民國九十五年十一月（2006.11）中華民國國史館已將
本文納編在「中華民國褒揚令集」（十）集中

余光亞

　　總統府資政國鼎先生不幸於五月三十一日病逝於台大醫院，舉國財金、科技各界莫不表示哀悼與追思！

　　資政在台灣服務公職五十餘年，民國三十七年任基隆造船廠協理，四十年接總經理，四十年九月資政因個人在工業技術及管理方面具有之專長及豐富之經驗，而應尹仲容先生之邀，擔任經濟安定委員會之工業委員會專門委員，從此走上公職，繼續歷任了美援運用委員會秘書長、國際經濟合作發展委員會秘書長、副主任委員、經濟部長、財政部長、行政院政務委員及總統府資政等重要職務；由所任各職務，即能了解資政五十年來均服務在經濟、財政、科技等範疇之政策規劃、設計及推動實現，我加工出口區之創設發展亦是資政在研擬經濟發展過程中之一項具有世界性創舉之經濟發展策略及實質推動之辦法，其基本功能在使未開發及開發中國家創造就業機會，累積人民財富、國家資本，以促進社會安定，繁榮發展，此即我加工出口區創設三十五年來對國家之最大貢獻。我們在傲視

世界各國之此刻，曾克盡十年心力孕育創設及培植我加工出口區並譽為加工出口區之父的李資政國鼎先生已然去世，一代偉人之殞落，是國家莫大之損失，更使我加工出口區頓失依恃關注！

　　加工出口區之研擬創設有其歷史背景需求，而資政在這段歷史之里程中，精心研究策劃及推動了我加工出口區之創設發展：民國四十二至四十七年間，資政任職於工業委員會，與海關總稅務司張申福先生會同研究畫出特定區域設立加工廠之可行性，四十八年底，資政兼任美援會工業發展投資研究小組召集人，推動財經措施，草擬「獎勵投資條例」，因而促成加工出口區設立可行性之大環境。民國五十一年，資政隨嚴前總統（時任財政部長）赴美開會，自美返國回途中，前往意大利Trieste港參觀其自由貿易區作業情形，回國後即與嚴部長詳加研討後決定設置加工出口區，此區兼具有自由貿易區與工業區功能之綜合體。其設置之架構原則為：(1)在人的方面，投資人出入境仍維持原有手續。(2)在錢的方面，外匯管制仍屬必要，仍維持原有手續，但區內辦理。(3)在物的方面，因加工出口區產品全部限外銷，其製造所需機器及零件，與原料零組件一蓋免關稅及貨物稅。設區架構原則決定後即著手草擬立法，由經濟部提報行政院。

　　民國五十二年九月，資政服務經合會，遂以經合會邀請經濟、財政、交通、國防、外貿會及台灣省政府等單位首長同赴高雄港視察濬港新生地及聆聽簡報有關建區構想藍圖，並決定儘速推動立法，由是五十三年七月「加工出口區設置管理條例草案」送請立法院審議，而於民國五十五年十二月三日創設建成高雄加工出口區，

為我國第一個加工出口區，同時也是全世界加工出口區之首創。創造台灣經濟奇蹟亦從我加工出口區創設開始發展，由於加工出口區集自由貿易區及工業區功能之長，又不同於該兩區之特性運作，而其功能績效立即顯著呈現，一時為世界各國所讚譽並爭相仿效，更受到聯合國工業發展組織（UNIDO）、世界銀行（IBRD）、亞洲生產力組織（APO）等國際組織之重視，以至有世界加工出口區聯合會（WEPZA）之成立。

加工出口區之創建里程，由於資政在各個不同職務上不斷持續推動及政府各首長、民意代表等大力支持，歷經十年之研究而終於達到設區之目的，使得我國經濟發展加快了成功的腳步，績效彰顯，由外資投入增加就業機會，促成小資本之形成而拓展到本土中小企業之形成，乃至大企業之成長，外匯累積曾達千億美元以上，位居世界前三名，人民由赤貧到富有之社會轉型，皆因加工出口區確曾提供了相當大比例之貢獻，乃至今之世界各未開發國家及開發中國家多有學習我國比照設置加工出口區作為促進該等國家經濟發展之最佳途徑。

為了我加工出口區之能持續發展，資政隨時關心備至，筆者服務於加工出口區處長任內（民國七十二年四月至七十九年四月），資政不時耳提面命，為加工出口區之經營指示要津重點，茲僅列舉以下數點供讀者了解資政對我加工出口區之重視及關愛：

(一)民國七十四年二月十三日，美僑商會在台北圓山飯店舉行每年一次之春節「謝年飯」酒會及餐會。應邀賓客包含有政府官員，最高層次邀請到行政院長並發表專題演講，我

亦有幸應邀為貴賓之一；酒會中，經濟部投資業務處康潤生兄特別為我引見行政院李政務委員國鼎先生，李政務委員即時舉起酒杯向我敬酒並道：「加工區又復活了！加工區又復活了！恭喜你，請你明天早上十點半到我的辦公室。」次日早上十點三十分準時到達行政院李政務委員辦公室，李政務委員握手笑道：「余處長，加工區又復活了！請坐。」坐定之後，政務委員將建區歷史簡要說明，隨後談到過去幾年，加工區業績幾乎停頓，而最近看到新聞報導加工區又有起色，業績大有進步，非常之高興。此時我立即將備妥之書面資料呈李政務委員過目，並簡要說明業務推動目標及預定未來發展方向，特別強調當前最重要之工作是嚴格整頓工作紀律，加強對廠商之服務及吸引新投資案，李政務委員點頭同意，並對加工區提出五項指示：(1)要簡化手續，做到自由化作業。(2)速建第四加工區，比照台中區面積大小，不要太大。(3)查全世界有多少國家全年總出口金額未超過二十億美元？（加工區七十三年出口總額達二十億三仟多萬美元）。(4)管理處組織型態宜按照財團法人或國營事業方向研究。(5)行政管理人員（如人事、會計、事務、秘書等）應保持在百分之二十以內。

最後補充一句：「今後有任何問題，可直接向我報告。」由此可見，資政對加工出口區之重視與關注。

(二)民國七十三年十一月二十九日行政院指示經濟部研究增設

加工區並擴大自由化措施。於七十四年元月在管理處成立三個工作小組，第一工作小組為自由化小組，由王季文專門委員負責；第二工作小組為第四加工區設立研究小組，由陳偉亞專門委員負責；第三工作小組為組織修正研究小組，由張先文主任秘書負責；並擬妥「擴大加工出口區自由化及增設第四加工區計畫草案」。第四加工區地點選擇考慮有二處，一為桃園縣觀音鄉之觀音工業區第一、第二期用地，此為工業局所開發，經濟部責成管理處考慮；二為台中市西、南屯區之台中工業區第三期；經過一段長時間之兩地實際了解，所得結論如下：(1)觀音工業區：勞動供應力不足，位臨海岸太近、風砂大且帶鹽分，不利高級工業設廠，投資金額過大，超過五十億元。(2)台中工業區第三期：有足夠之勞動力，氣候佳，無風砂鹽害，適合精密工業設廠。交通便利，各項設施完備，投資金額二十億元左右即可，且可與現有之台中加工區相互支援。

根據以上結論分析，管理處以台中工業區第三期用地作為選定之對象。管理處為慎重起見，特對增設第四加工區做有關投資、外貿、儲運等回歸分析，將此研究成果呈報經濟部，並送經建會參考。由我口頭向行政院李政務委員及經建會趙主委報告。與其同時，經濟部於七十四年四月一日成立增設「加工出口區籌劃工作小組」，由吳次長任召集人，管理處亦指派王季文、唐玉光、張錫川、端木光四人參與研擬工作。該小組於七十四年八月研擬完成

「增設加工出口區研究報告——可行性與初步規劃」，其結論重點為：(1)增設加工出口區並擴大自由化措施實屬必要。(2)地點選擇：由觀音工業區、台中工業區第三期及彰濱工業區全興區三者比較，選定觀音工業區。(3)本研究報告所擬計畫包括獎勵優惠、自由化措施、經費籌措、簡化手續、交通及其他公共設施等。

　　本研究報告呈行政院交經建會研討，此報告與管理處之研究草案之不同點在設區地點之選擇認定。管理處在地點選擇上十分認真，考慮到未來發展之前途、成功之可能性，在此一問題上，李政務委員亦提供對觀音氣候調查報告，說明該地區不適宜建精密工業區；經建會對本案研討持慎重態度。一日我去看趙主委，主委告訴我：「光亞，我要把增設加工區的案子Turn down掉。」我立刻回答：「是的，報告主委，我了解。」就這樣，第四加工區便延遲設置，也因為資政之支持，才免予需要大資本及在未盡理想地區投資。

(三)民國七十五年夏，一日中油公司高雄總廠陳總廠長辦公室，電話轉通知李政務委員在該總廠招待所，請我下午四點鐘過去，政務委員召見，我準時到達，政務委員非常客氣熱忱的握手並叫我坐在身邊，垂詢加工區近況及指示，其中最重要的一點是交代我要與南部各大學（成大、中山、高雄工專等）建教合作，推動研究發展。政務委員強調此舉在參考日本，將科技研究發展工作，分別在東京、

大阪……等地區推動，以避免研發集中，一旦遭到戰爭完全摧毀而無法搶救。台灣也要分為北、中、南三地區比照建立科技研發，一旦戰爭爆發，有可能保留一些國家元氣實力。政務委員此項任務之交代，可見對國家事務考慮深遠周詳及對我加工出口區之寄予厚望，重視其發展。

(四)民國七十五年六月二十七日至二十九日，計三天在僑光堂由行政院召開所屬各部會一級行政主管及地方縣市長之行政研討會，會議由俞院長國華親臨主持。二十九日晚餐由俞院長在國軍英雄館設宴款待全體與會人員，在餐會開始之前二十分鐘，政務委員國鼎的秘書李偉兄來找我，「余處長，快來，政務委員在找你。」我趕緊隨李偉兄去見政務委員。他老人家見到我來，站起來牽著我的手往前面主桌走，邊走邊說：「余處長，來，我來為你介紹一位朋友。」走到第一桌時，對在座之台灣省政府建設廳黃廳長鏡鋒說：「黃廳長，我來為你們介紹認識，這位是加工區的余處長………」還未等介紹完，黃廳長與我同時說：「我們認識，老朋友了！」政務委員忙說道：「你們早認識了，那好，黃廳長請你設法找一塊地給余處長建第四加工區吧！」黃廳長也忙答道：「我們會後來商量這問題。」由此可見，資政無時不在為加工區之發展盡心費神，無他人可比！

(五)民國七十六年九月十一日應世界加工出口區聯合會（WEPZA）之邀請，恢復我加工出口區之會籍，成為該

會正式會員，並任理事會員國，尤其難能可貴者，與會各會員理事一致認同，一九八九年世界加工出口區年會應在我高雄市召開，由我加工區管理處主辦，當我報告邀請李資政參與大會並為大會主講人時，資政欣然接受並指示應了解此會議對我國之重要，尤其要讓與會各國代表認定我加工出口區確為世界各國之典範不假；參加開會者二十七國一百二十一人代表，另國內貴賓近兩百人，盛況空前。資政應邀為大會主講人，其講題為「加工出口區制度的建立及其功能」，內容精粹，震驚全會場，與會者共同讚頌不愧為世界加工出口區之先導，並於大會理事會中一致通過頒贈資政為「世界加工出口區之父」褒獎獎牌一面及書面頌揚賀詞一份。由是觀之，資政不僅為我國數十年來經濟、科技發展貢獻出頗大之助益，即使美國也為了增進就業而設置類似加工出口區之「外國貿易區」（Foreign Trade Zone）及「外國貿易區分區」（Sub- Foreign Trade Zone），由是可見加工出口區之成功及貢獻之宏偉，也因為資政之重視及親臨參與並擔任主講人，使大會增輝，也讓我加工區舉辦了一次最成功之國際會議。

(六)民國八十三年元月三日《中國時報》記者張志清先生撰寫〈加工出口區人肉機器吟悲歌〉一文刊出，一時我加工出口區各方面反應至為不滿、憤怒。元月九日，我接到李資政辦公室秘書劉小姐電話，資政召見，資政問我看到《中國時報》對加工區不實的報導沒有？並要我馬上寫一篇

修正他們不實之報導文章，資政以命令口吻交代，我有點囁嚅的答道：「報告部長（慣用之稱呼），我現在不是加工區管理處長，寫這篇文章對現任處長不太好吧？」資政立即正色道：「現在加工區你最了解，你不寫誰寫？」「是！」我不便再多說了，回去後連夜寫了一篇〈加工出口區力圖轉型，何來悲歌？〉我並以加工出口區老兵之名撰寫此文，次日將手稿呈資政審閱，資政看過後，隻字未改表示可以，交代即刻送《中國時報》，元月十三日《中國時報》第九版刊出此文，隨後幾日接到不少加工區老友及廠商負責人電話反應本文之即時性及寬慰感！我也如釋重荷！但未及一週，資政又指示，要再寫一篇〈加工出口區二十八年來之貢獻及其轉型〉送《經濟日報》於五月二十日刊登，本文在提供國人對我加工出口區有一較完整正確之認識，不要被誤導，由此足見資政對加工出口區之重視，呵護之情。

我加工出口區建成三十五年餘至今，最令世人尊敬讚譽之一代偉人，世界加工出口區之父——李資政國鼎先生已然仙逝，魂歸天國，留下世人無限之深思，感嘆哲人其萎，誰能任後世之師？尤其我加工出口區損失依恃呵護之保母，更形情何以堪！願我區內全體「加工區」人，相互勉勵，堅強自立，繼續奮發努力，創造佳績而蜚聲中外，傲視全球，以慰資政鼎公在天國之靈！

——轉載自李國鼎紀念活動推動小組編輯：《李國鼎先生紀念文集》，頁539-547。

四海行蹤路迢迢

附錄二

余氏門宗 四世 第三房記述

《民國九十六年三月（2007.3）記》

　　余氏始祖由佐秦穆公強霸西垂，揚名中夏歷二千餘年，子孫繁衍，宗支遍於宇內，本宗世祖於明代，由江西瓦溪壩遷湖北麻城，再遷孝感之白水湖，故本宗堂名曰〈泉湖草堂〉，至清初子脩祖顯堂（一世），復遷漢口辛家地余家灣，且耕且讀，為余家灣之始祖，至數代相傳至守誠公（二世），幼值洪揚之亂，兵燹之爭，復遭凶年，乃不得己行販四方，逐什一之利，應仰事俯蓄之需，會至蘄，即今之湖北省浠水縣，位據漢水上游，山靈水秀，人民質撲，無旱澇之憂，有擊壤之樂，乃舉家遷蘄，從商而後創業，行號〈正和祥〉並在鄂城及南門各開設分行，經營鑄造工廠，冶鑄農具，寺廟鐘鼎之屬，至三世道源公，諱名則忠，字少卿，譜名道源，生性豪放，飲酒賦詩，著有〈叢桂樓吟草〉，並畢業於湖北警察專門學校，歷任漢口警察第三區區長，蘄水縣警察局長代理知事（即代理縣長），至此余氏世代先祖由儒而農，而商，而士；道源公生子女八人，多為夭折，僅留頌堯，頌舜，頌文（四世），其譜名各為能賡，能貴，能文；能賡公（頌堯）原配生二子，光正，光亮，繼配生三子，光代，光喆，光意及四女，光瑩，光純，光暉，光立；

能貴公（頌舜）生八子，光巨，光國，光慶，光源，光鑫，光坦，光中，光九及一女光永；能文公（頌文）生三子，光亞，光華，光鄂，二女光玉，光潔；此光字輩乃余氏五世子孫，茂然繁衍，六世，七世不勝備述，參閱新編余氏簡譜了然。

　　能文公乃余氏門宗四世第三房，名頌文，字漢生，生於民國四年十二月二十四日（1915.12.24）卯時，歿於民國九十年二月九日（2001.2.9）；公畢業於漢口市立職業學校高級紡織科，歷任第十一兵工廠上尉課員，第六十兵工廠少校課長，副主任等職；公生當末世，長於憂患，求學不易，高職畢業未能再升學，是為終身之憾！而早為生計，至深切體念所得之困難，痛感生業之維艱，乃留至忱之遺訓：〈余少讀書，一生平淡，功微德薄，不足效也！所幸爾等皆能奮發，善教後代子孫，勤以尚學，持身正，待人誠，則我余氏家風可傳承矣！〉，為吾輩子孫銘記鎚心之叮囑。

　　能文公以弱冠之年成婚，學業未臻完成，即遭紅禍強匪兵燹之亂，於民國二十五年（1936年）棄學攜眷逃離家園，經武漢延長江而下至湖南省辰谿縣，民國二十八年四月一日（1939.4.1）進入兵工署第一工廠工作，民國三十年三月一日（1941.3.1）轉任兵工署第十一兵工廠工作，此適逢八年抗日戰爭（即第二次世界大戰抵抗日本侵略中國的戰爭），全國軍民無不戮力抗敵，即至民國三十四年（1945年）抗日勝利，二次世界大戰結束，日本無條件投降，公乃攜家小隨第十一兵工廠復元回到武漢，復將妻小送回浠水縣老家約一年，便於復元建廠工作，而後再將妻小接回武漢定居，預定此

後有平安之生活，但不幸烽火再起，民國三十六年（1947年）國共內戰興起，再度流離顛沛，遂攜妻小隨第十一兵工廠遷湖南株州，一年餘續遷廣東黃埔轉海南島，期間由於國共爭戰日益激烈，國軍多有失利，公負責工廠搬遷事宜未及完成，株州便告淪入中共軍之手，個人亦身陷中共佔領區，音訊斷絕，妻小在黃埔心急如焚，值此危困之時，所幸國軍與中共軍於廣東，湖南交界之紹關一役得勝，由株州立即開出一列火車至廣州，公以赤足內衣搶搭脫險，以狼狽疲憊之心身，蹣跚躑躅回到黃埔與妻小團聚，真乃隔世驚魂之險！民國三十八年（1949年）初隨廠轉往海南島安頓，工廠廠址選擇在渝林港，唯工廠重建維艱，及至民國三十八年（1949年）底，先總統蔣公（介石）派時任台灣省主席陳誠先生往海南島視察，見有第十一兵工廠整廠設備及數百名優秀技術人材，陳主席回台灣後稟呈蔣公，即令第十一兵工廠速遷台灣，故而公再攜家小隨廠於民國三十九年三月（1950.3）安全遷抵台灣高雄市，聯勤總部責令該廠與高雄第六十兵工廠合併，至此公亦由軍文轉敘軍職，家庭始得真正安頓，子女開始接受正常完全之教育，能文公畢生辛勞，為公為家，勤奮節儉，誠懇負責，奉獻犧牲，終其一生，為我後代子孫之典範，永誌緬懷銘感！

能文公於民國二十三年（1934年）與夫人張氏（金秀）結褵，伉儷情深，相互扶持，尤在夫人体弱多病之歲月，公不辭辛勞，心力焦碎之苦，共渡艱辛拮据之日子；公膝下育有三男二女（五世）：

長男光亞民國24年11月24日（1935.11.24）（身份證為民國25年12月27日）生，秉承父親教誨，貢獻國家，投考陸軍中正理工學

院（原兵工工程學院）機械系（原造兵系）畢業，及美國防空飛彈學校結業，服務飛彈營及聯勤第六十兵工廠達十三年半之久，技術報國，退伍後轉任新加坡CIS公司（即兵工廠）任高級工程師，再轉任台灣中國鋼鐵公司歷任組長，副處長，廠長，處長等職，因功績顯著，由經濟部長趙耀東於民國七十二年四月一日（1983.4.1）任命調升經濟部加工出口區管理處處長達七年之久，成績優異，受長官之賞識肯定，七年後自請辭職轉任民間企業，歷任董事長、副董事長，高級顧問等職，期間曾代表東帝士公司在中國籌辦中台合作之攀枝花400萬頓一貫作業大鋼廠，另又有機會規劃設計帛琉共和國加工出口區，及應中國國務院特區辦之邀請，協助中國出口加工區之創設發展，至有昆山出口加工區十年有成之佳績等；並發表研究論文十多篇及著作〈管理實務----案例及加工出口區與經濟發展〉二書出版，並兼任大學教職；光亞配妻揚筱松民國三十二年十一月十二日（1943.11.12）生，生一男一女（六世），長男敦明，民國五十九年七月十八日（1970.7.18）生，畢業於美國Oklahoma City大學碩士，任職台灣光銥科技公司業務及品保部處長，後轉任明光半導體公司任市場開發經理，配高毓淇，民國六十三年一月三十日生（1974.1.30），與敦明在美國同校同班同年畢業碩士，任職於建華客服公司分析師，於民國九十五年五月七日（2006.5.7）在美國洛杉磯生長子本莚（七世）及於民國九十七年四月四日（2008.4.4）在美國洛杉磯生長女沛嫻。長女敦琪民國六十二年十月二十二日（1973.10.22）生，畢業於美國加州UCLA大學碩士，任職新竹科學園區漢磊公司工程師，適王治國，畢業於

台灣交通大學碩士，任職於誠致科技公司系統經理，于民國九十二年八月二十四日（2003.8.24）生長子禹斌。

　　次子光華民國二十九年五月二十日（1940.5.20）生，成功大學礦冶工程學系畢業，民國五十四年（1965年）入台灣鋁業公司服務，歷任工程師，課長，主任，廠長，副總經理等職，功績顯著，其電解煉鋁技術揚名國際，發表研究論文數十篇，並擔任國內各大學副教授或教授教職。民國七十四年六月（1985.6）奉經濟部令調經濟部專業人員研究中心主任，主持經濟部及所屬事業機構人力培訓工作，為國家經濟建設培育人才，卓然有成；民國七十八年九月（1989.9）再奉調台灣製鹽總廠總經理，提高經營層級，推動多角化發展，厚植實力，追求卓越，開發更多新產品，廣受歡迎，深獲社會各界肯定。民國八十四年（1995）主導機構改制為台鹽實業股份有限公司，擔任首任董事長，帶領台鹽公司成功轉型為生技公司，經營績效為全國公營事業之冠。民國九十一年四月（2002.4）轉任台灣肥料公司董事長，帶領台肥公司升級，從傳統化學複合肥料，增加有機肥及維生物肥料，增加附加價值，提昇企業競爭力。民國九十二年十月（2003.10）底自台肥公司離退，民國九十二年十一月（2003.11）應聘為崑山科技大學企管系·所教授，兼任國立成功大學管理學院教授。光華配妻盧莉康民國三十一年八月十七日生（1942.8.17），育有二女一男，長女敦平民國五十六年元月二十一日（1967.1.21）生，美國愛荷華州立大學分子生物博士，任職於美國希因基因國際公司計畫經理，隨即轉任加拿大BASF Plant Science Company動物研究所所長，適吳家興，美國愛

荷華州立大學農業教育博士，現任教職。次女敦慈民國五十八年元月二日（1969.1.2）生，美國堪薩斯州立大學分子生物博士，任職美國衛生署，分子生物專家，適李鈞國，美國馬里蘭大學統計學與電腦科技雙碩士，任職美國資料分析公司高級分析師。長男敦祥民國六十年六月二十七日（1971.6.27）生，美國德州農工大學農業經濟博士，任職美國愛荷華州立大學經濟系農經研究室高級研究員，轉任田納西大學教授，配陳昭蓉民國六十三年元月十四日（1974.1.14）生，畢業於美國德州州立休斯頓大學餐旅管理碩士，及美國愛荷華州立大學餐旅管理博士；於民國九十六年三月二日（2007.3.2）生長子本杰（七世）。

　　參男光鄂民國三十五年六月十七日（1946.6.17）生，係成功大學礦冶工程系學士及碩士，美國肯塔基大學冶金及材料科學博士。從事與超合金及鈦合金在航太工業方面之研究，歷任唐榮合金鋼廠技術員，美國特殊金屬公司〔Special Metals Corporation〕資深工程師，精密鑄造葉片公司〔PCC Airfoils, Inc.〕主任工程師，同步技術公司〔Concurrent Technologies Corporation〕鑄造部門經理及RIT國際金屬公司〔RTI International Metals, Inc.〕研究發展處長等職。發表論文數十篇，並編著「Modeling of Casting and Solidification Pprocessing」一書，供工業及學術界參考。曾被選為美國國際材料學會〔ASM International〕院士〔ASM Fellow〕，又獲美國真空冶金協會之世界論文比賽第一名，美國鑄造協會之最佳論文獎，肯塔基州州長頒發之「肯塔基上校」《Ken-tucky Colonel》榮譽狀及美國真空冶金協會頒發之「事業獎」〔Career Award〕。

光鄂配顏敏華民國三十五年四月三日（1946.4.3）生，成功大學外文系畢業，曾任聯合國祕書〔在台北林業試驗所服務〕，貿易公司祕書及中學教師，生一男一女（六世）。長男敦維，民國六十五年十一月十八日（1976.11.18）在美國出生，獲美國凱斯西儲大學（Case Western Reserve University）學士及普渡大學（Prudue University）碩士學位，任職美國Honeywell公司，配珍妮彿梅頓（Jennifer Mayton）1976年5月21日生與敦維同是凱斯大學同學，獲英文碩士，曾任職法律出版公司。于民國九十五年五月十三日（2006.5.13.）生長子本立（David Benli），及民國九十七年十月二十一日（2008.10.21）生長女本初（Abigail Benteu）（七世）。長女敦盈，民國七十三年四月十三日（1984.4.13.）美國出生，與兄嫂同畢業於美國凱斯西儲大學，任職美國Accenture公司。

　　長女光玉，民國二十七年十月十一日（1938.10.11.）生，八十二年五月十四日（1993.5.14.）歿，年約三歲，因二次世界大戰躲避日機空襲跌倒水田，發高燒不退，大後方缺乏醫療診治，而至腦因長時間高燒不退成殘，直至成長過逝。

　　次女光潔，民國三十三年六月二十九日（1944.6.29.）生，畢業於台北私立世界新聞專科學校，適徐一中，民國十七年十一月二十九日（1928.11.29）生，兵工工程學院畢業及美國海軍研究院電腦碩士，曾任職於陸軍總部上校電腦資訊室主任及台灣省政府資訊室主任，生長子錦傑，民國62年8月11日（1973.8.11.）生，光潔於生產過程中難產過逝在醫院產房，子錦傑幸得保命，而由盧慎之親家，大舅（光亞），二舅（光華）家分別照顧扶養成長，畢業於

私立文化大學碩士，現職於漢美連網股份有限公司系統分析師，專案經理。

隨附《余氏輩份排字》如下：

世立德顯，守道能光
敦本繼緒，永運啟祥

余氏門宗四世第三房歷代圖表之一　　2007年3月

泉湖草堂

本宗世祖於明代由江西瓦西垻遷湖北麻城再遷孝感之曰水湖立本宗堂名曰『泉湖草堂』，清初子脩祖顯堂遷漢口牢家灣．

繼之因洪揚之亂，守誠公遷至蘄　即湖北省浠水縣落籍

民國39年（1950）因國共內戰，能祿公、能文公，舉家遷臺灣定居．

一世　子脩祖顯堂

二世　守誠公（歷數代）

三世　道源公諱則忠　字少卿，譜名道源

四世
（二房）配　譜名頌　李　能　依貴舜武
（三房）配　譜名頌　張益能　秀文文
（大房）繼配　配　譜名頌　沈濼能　君桂賓堯

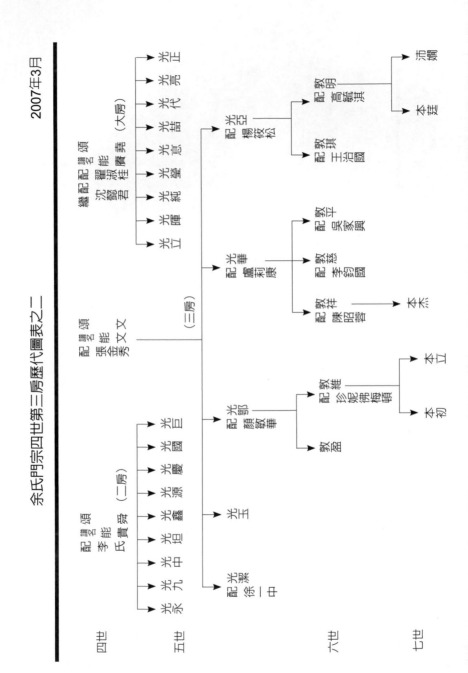

余氏門宗四世第三房歷代圖表之二

2007年3月

四世

五世

六世

七世

史地傳記類　PC0033

四海行蹤路迢迢

作　　　者/余光亞
責任編輯/詹靚秋
圖文排版/陳湘陵
封面設計/莊芯媚

發　行　人/宋政坤
法律顧問/毛國樑　律師
印製出版/秀威資訊科技股份有限公司
　　　　　114台北市內湖區瑞光路76巷65號1樓
　　　　　電話：+886-2-2796-3638　傳真：+886-2-2796-1377
　　　　　http://www.showwe.com.tw
劃撥帳號/19563868　戶名：秀威資訊科技股份有限公司
　　　　　讀者服務信箱：service@showwe.com.tw
展售門市/國家書店（松江門市）
　　　　　104台北市中山區松江路209號1樓
　　　　　電話：+886-2-2518-0207　傳真：+886-2-2518-0778
網路訂購/秀威網路書店：http://www.bodbooks.com.tw
　　　　　國家網路書店：http://www.govbooks.com.tw
圖書經銷/紅螞蟻圖書有限公司
　　　　　114台北市內湖區舊宗路二段121巷28、32號4樓
　　　　　電話：+886-2-2795-3656　傳真：+886-2-2795-4100

2007年11月BOD一版二刷
定價：290元
版權所有　翻印必究
本書如有缺頁、破損或裝訂錯誤，請寄回更換

國家圖書館出版品預行編目

四海行蹤路迢迢 / 余光亞著. -- 一版. -- 臺北市：

秀威資訊科技, 2007.10

　　面；　公分. -- （史地傳記類；PC0033）

　　ISBN 978-986-6732-30-0（平裝）

　1. 余光亞　2. 傳記

783.3886　　　　　　　　　　　96020384

讀 者 回 函 卡

感謝您購買本書，為提升服務品質，請填妥以下資料，將讀者回函卡直接寄回或傳真本公司，收到您的寶貴意見後，我們會收藏記錄及檢討，謝謝！如您需要了解本公司最新出版書目、購書優惠或企劃活動，歡迎您上網查詢或下載相關資料：http:// www.showwe.com.tw

您購買的書名：＿＿＿＿＿＿＿＿＿＿＿＿＿＿＿＿＿＿＿＿＿＿＿＿

出生日期：＿＿＿＿＿＿年＿＿＿＿＿＿月＿＿＿＿＿日

學歷：□高中 (含) 以下　　□大專　　□研究所 (含) 以上

職業：□製造業　□金融業　□資訊業　□軍警　□傳播業　□自由業
　　　□服務業　□公務員　□教職　　□學生　□家管　　□其它＿＿＿

購書地點：□網路書店　□實體書店　□書展　□郵購　□贈閱　□其他

您從何得知本書的消息？

　□網路書店　□實體書店　□網路搜尋　□電子報　□書訊　□雜誌

　□傳播媒體　□親友推薦　□網站推薦　□部落格　□其他＿＿＿＿＿

您對本書的評價：（請填代號　1.非常滿意　2.滿意　3.尚可　4.再改進）

　封面設計＿＿＿　版面編排＿＿＿　內容＿＿＿　文／譯筆＿＿＿　價格＿＿＿

讀完書後您覺得：

　□很有收穫　□有收穫　□收穫不多　□沒收穫

對我們的建議：＿＿＿＿＿＿＿＿＿＿＿＿＿＿＿＿＿＿＿＿＿＿＿＿

＿＿＿＿＿＿＿＿＿＿＿＿＿＿＿＿＿＿＿＿＿＿＿＿＿＿＿＿＿＿＿＿

＿＿＿＿＿＿＿＿＿＿＿＿＿＿＿＿＿＿＿＿＿＿＿＿＿＿＿＿＿＿＿＿

＿＿＿＿＿＿＿＿＿＿＿＿＿＿＿＿＿＿＿＿＿＿＿＿＿＿＿＿＿＿＿＿

11466
台北市內湖區瑞光路 76 巷 65 號 1 樓

秀威資訊科技股份有限公司　　　收

BOD 數位出版事業部

....

（請沿線對折寄回，謝謝！）

姓　　名：＿＿＿＿＿＿＿＿＿　年齡：＿＿＿＿　性別：□女　□男

郵遞區號：□□□□□

地　　址：＿＿＿＿＿＿＿＿＿＿＿＿＿＿＿＿＿＿＿＿＿

聯絡電話：(日) ＿＿＿＿＿＿＿＿＿＿　(夜) ＿＿＿＿＿＿＿＿＿＿

E-mail：＿＿＿＿＿＿＿＿＿＿＿＿＿＿＿＿＿＿＿＿＿